TopBook
饕书客

一个人，遇见一本书

纵横之法

鬼谷子的权谋与韬略

游说　韬略　用计　识人

曹胜高 著

TopBook
饕书客

陕西新华出版传媒集团
陕西人民出版社

图书在版编目（CIP）数据

纵横心法：鬼谷子的权谋与韬略 / 曹胜高著. --
西安：陕西人民出版社，2019
ISBN 978-7-224-13190-1

Ⅰ. ①纵… Ⅱ. ①曹… Ⅲ. ①纵横家②《鬼谷子》-
通俗读物 Ⅳ. ①B228-49

中国版本图书馆 CIP 数据核字（2019）第 086524 号

出 品 人：惠西平
总 策 划：宋亚萍
出版统筹：关　宁　韩　琳
策划编辑：王　凌　晏　藜
责任编辑：张启阳　王　倩
封面设计：哲　峰

纵横心法：鬼谷子的权谋与韬略

作　　者　曹胜高
出版发行　陕西新华出版传媒集团　陕西人民出版社
　　　　　（西安北大街 147 号　邮编：710003）
印　　刷　西安市建明工贸有限责任公司
开　　本　890mm×1270mm　1/32
印　　张　7.75
字　　数　180 千字
版　　次　2019 年 8 月第 1 版
印　　次　2021 年 6 月第 2 次印刷
书　　号　ISBN 978-7-224-13190-1
定　　价　35.00 元

鬼谷子是谁

——代序

鬼谷子是先秦时期的一位高人，因隐居鬼谷而得名。他培养出的兵家庞涓、孙膑，改变了战国中期的军事格局；他教出的纵横家苏秦、张仪，终结了战国晚期的争霸局面。他因传授兵学，居住的鬼谷被称为“中国最早的军校”；他因传下游说术，被奉为纵横家的鼻祖；他长于修身养性，被道家奉为“古之真仙”；又善于占往察来，被阴阳家奉若神明。

这样一位充满神秘色彩的全才、奇才，留下了一本以他名字命名的《鬼谷子》，也是纵横学派留下的唯一典籍。由于讲究“智用于众人之所不能知”，被称为“中国智谋之书”。但这本书，几千年来却越传越神秘，越注越糊涂，到现在分歧百出，变得很不容易理解了。

那么，《鬼谷子》中的智谋究竟该如何理解，什么样的人才能使用智谋？如何变成有大智谋的人？智谋是干什么用的？怎么去用智谋？在今天的社会中，这些道理对我们又有何启发？有怎样积极的意义？

1. 世外高人

说到鬼谷子，第一反应是什么？

圣人？贤人？超人？高人？

圣人活在尘俗之中，想的是人类之事，他们著书立说，虽不能改变自己的命运，却能通过思想影响一个民族的精神，如孔子、孟子。贤人亦活在尘俗之中，坚持的是原则和操守，不愿为了一己的荣华富贵而放弃人生追求，安贫乐道，修身养性，如颜回、子路。超人则超然世外，不染尘俗，用第三只眼睛审视社会风云，悠然自得，如老子、庄子。

高人确实不好定义。高人肯定不在尘俗之中，还要神龙见首不见尾。

鬼谷子符合吗？我们来看看。

鬼谷子，姓名不详。《史记·苏秦列传》说苏秦、张仪都曾跟着鬼谷先生学习纵横之术。为何叫鬼谷先生？东晋学者徐广研究的结论是："颍川阳城有鬼谷，盖是其人所居，因为号。"这个"盖"字是大约的意思。后来南朝宋裴骃作《史记集解》时想了想，觉得有道理，就这样采信了。唐朝张守节觉得这种不确定的说法真是对不起鬼谷先生，又进一步具体考证出鬼谷在"洛州阳城县北五里"。原来很久很久以前有位居住在鬼谷的老先生，被大家叫作鬼谷子。

鬼谷在什么地方?

徐广说的阳城是现在的河南省登封市。到了唐代，司马贞发现叫鬼谷的地方太多了，如“扶风池阳、颍川阳城”都有鬼谷墟，池阳在现在的陕西省三原县，阳城在河南，两者相差近千里。到底哪个是真的?唐代之后，人们发现更多的地名叫鬼谷，河南云梦山有鬼谷，湖北当阳、陕西安康等地也有包含“鬼谷”的地名。于是便有了很多争论，都说鬼谷子是自己这块地上的，恨不得组织一帮学者考证出鬼谷子生于斯，葬于斯。其实啊，地是死的，鬼谷子是活的，隐士不一定一直待在一个地方，很多时候要云游四方。鬼谷子在这里住过这里便出名，正说明鬼谷子名声大。要是老先生没到过这地儿，提到某个鬼谷就想到鬼谷子，那更证明老先生有名。

对于一个有文化知名度和历史曝光率的名人，不知道名字不仅是历史学家的遗憾，而且也会导致崇拜者的不满。于是便有不少学者下了大功夫去研究。鬼谷子究竟叫什么?答案很多，得出结论的方式却只有两种：

一是给鬼谷子找名儿。东晋葛洪的《神仙传》说鬼谷子姓王名詡；北宋编订的《太平广记》卷四引《仙传拾遗》说鬼谷子姓王名利；明代胡应麟的《少室山房笔丛》说鬼谷子“姓王名诩，亦名利”。后人便接着考证王诩的父亲是谁，给鬼谷子立了家谱，不仅父母都有名字，而且是哪个村的也说得千真万确。

二是找战国时期有名的人，让他作为鬼谷子。有的说子华子程叔本有个学生叫留务滋，就是鬼谷子；有的说楚国的鹖冠子便是鬼谷子。为了证明鬼谷子不是传说，又演绎出更多的传说作为证据，而且越传越详细，越传越形象，这样鬼谷子便由一个历史名人变成了传说人物。

鬼谷子，身世不详。唐长孙无忌在《鬼谷子序》中说："周时有豪士，隐于鬼谷者，自号鬼谷子，言其自远也。然鬼谷之名，隐者通号也。"他认为"鬼谷"是很多隐士的通号，即"隐居在鬼谷的隐士"，就像《论语》中的楚狂接舆、荷蓧丈人、卫国荷蒉而过孔子之门者等等，不过是个外号，而非真名。

这样来看，"鬼谷子"便是众多隐居在"鬼谷"的先生们的通用称号。后世有些学者不明此理，便认为鬼谷先生是神仙，活得很长很长。《海内十洲记》说秦始皇向鬼谷子请教过仙草之名。南北朝时，鬼谷子被列入神仙图谱，成为神通广大的神仙。五代时的杜光庭在《录异记》说鬼谷先生"自轩辕之代，历于商周，随老君西化流沙。洎周末，复还中国，居汉滨鬼谷山。受道弟子百余人，惟张仪、苏秦不慕神仙，好纵横之术"。传说都是由无数传闻嫁接而成，无数隐士的事迹转接到一个人身上，众多鬼谷先生的传闻累积为一个"鬼谷子"，众多高人们变成了一个高人，一个高人也在传说中变成了仙人。

自古隐士有两种：一种是全隐，不与尘俗往来，真的隐在历史之中，一点儿痕迹也没留。另一种是半隐，虽不生活在尘俗中，但尘俗中的人还是能够看见他们的，少不了零星的记载，也少不了大书特书，有的如伯夷、叔齐、介子推，先有一段辉煌，最后归于山林隐居；有的如姜太公、诸葛亮，先隐居在山林，看天下大乱时便出手。这些都是牛人，一只脚在世外，一只脚在尘俗，能进能退。

衡量高人有两个指标：第一，智商要了不得，能够把世上的事情想明白。旁观者清，要洞晓世事就得置身事外，鬼谷子便两只脚在世外。按照《东周列国志》的描述，鬼谷子的学问有四种：一是术数，日星象纬，在其掌中，占往察来，言无不验；二曰兵学，六韬三略，变化无穷，布阵行兵，鬼神不测；三曰言学，广记多闻，明理审势，出词吐辩，万口莫当；四曰出世，修身养性，祛病延年，服食导引，平地飞升。这个总结性的描写，不是小说家的想象，而是对鬼谷子全部传说的学术总结。

鬼谷子被塑造成为百科全书式的人物，一半在于鬼谷子的同徒弟，一半在于鬼谷子的粉丝。我们说过，鬼谷子是周秦时期隐士们的通称，当鬼谷子们被当作“鬼谷子”一个人时，众多跟着隐士、高人们学习的人便成了“鬼谷子”的学生，不仅苏秦、张仪，还增加了孙膑、庞涓，又增加了尉缭子、商鞅、毛遂、徐福、司马季主等，鬼谷子便被想象为先秦第一高人，徒弟们从春秋延续到汉初。不仅如此，后世还有很多人，或是崇拜鬼谷子，或是为了神化自己，得本书，写本书，便说是鬼谷子传下来的，如李虚中的《命书》便托名鬼谷子所传。此外还有不少兵书、占卜之书，如《鬼谷子天髓灵文》《鬼谷先生占气》《鬼谷天甲兵书常禳术》《鬼谷子前定数》等，都喜欢托名为大名鼎鼎的鬼谷子。无论是为了卖书还是为了卖名，客观上都增加了鬼谷子的神秘性，鬼谷子在历史的传说中逐渐无所不会、无所不能，集术数大师、兵学大师、游说大师和道教大师于一身，不仅名满天下，而且桃李满天下，成为集大成式的高人。

衡量高人的第二个指标是眼光要不得了。要能够知道该怎么做使人情练达，就要两只眼睛留在世间，按照尘俗的方式做事。看破不说破，是贤人的境界；看破而不说破，还要陪着一起玩，是圣人的境界；看破而不说破，教个徒弟陪着玩，则是高人的境界。鬼谷子改变世界的方式不是自己亲自动手，也不是自己去做示范，而是培养苏秦、张仪，一个用矛，一个用盾，在战国七雄相持不下的僵局中改写了天下大势。鬼谷子用出世的眼光看世界，用入世的手法做事情，让两个普通的士人成为历史变动的推手，自己则成为世外高人的代表。

2. 纵横鼻祖

我们今天要讲的鬼谷子不是小说家眼中的鬼谷子，也不是作为神人和仙人的鬼谷子。而是《鬼谷子》这本书的作者，是苏秦、张仪的老师，作为历史存在的纵横家鼻祖的鬼谷子。

为什么叫纵横家呢？

这与战国中后期的天下形势有关。这时天下只有七个主要的国家：齐、楚、燕、韩、赵、魏、秦，我们习惯称为战国七雄。秦国经商鞅变法之后，力量蒸蒸日上，对东方六国不仅有了觊觎的想法，而且有了侵占的实力；而东方六国由于利益集团太过庞大，变法无疾而终，改革不了了之，改革者全部赔上了身家性命，国家积习难返，只能江河日下，气息奄奄。衰落的国家重新振作可能没有勇气，但面对灭亡还是要努力挣扎的。

单挑秦国力不从心，那就跟秦国打群架吧。东方六国要是联合起来，手拉手，背靠背，相互支撑，相互支援，靠人多势众去抗拒秦国，这是合纵。

秦国自己也明白，自己单挑某个国家实力还不错，要是六国联合起来自己只有挨打的份。那就要想办法离间六国之间的联盟关系，远交近攻，最终各个击破，这是连横。

战国中后期，秦强而众弱，天下形势已经明摆在那里，都知道怎么办。《韩非子·五蠹》就说："纵者，合众弱以攻一强也；横者，事一强以攻众弱也。"纵，要的是小国抱团，靠的是信任，团结一切可以团结的力量结成牢固的联盟，众志成城，抵御强敌，要的是过程，打的是消耗战、持久战；横，就是大国干预，靠的是手段，就是拉拢自己对手的盟友，瓦解对方的联盟，各个击破，要的是结果，打的是速决战、外交战。

关键是要有人在诸侯国之间穿针引线，无论是拉拢盟友还是瓦解对手，需要有胆略的人敢去游说诸侯，有口才的人说得动诸侯，有本事的人控制得了形势，这些游走在诸侯、将帅之间的人便是纵横家。他们既要懂战略，也要懂战术，是手握重兵的实践家；既要说得清，也要讲得透，是逻辑严密的理论家；既要活着去，还要活着回来，更是游走在刀刃上的外交家。正如孟子所言："一怒而诸侯惧，安居而天下熄"（《孟子·滕文公下》），纵横家不是躲在家里胸怀梦想的人，也不是在文章中高谈阔论的人，而是亲自动手去改变天下的人。

历史从来都不是平庸者懒洋洋的通途，而是为特异之士驰骋的疆场、独辟的蹊径。战国时期的纵横家不再是春秋时期诸侯之间礼尚往来的贵族，而是血雨腥风中磨砺出来的游士。

战国时期的士是受过严格职业训练的知识分子，从理论上讲是候补的官吏；在西周，士还是一级爵位，有了这个身份，不仅能享受国家提供的一份补贴，而且还能获得一份工作。但士又生士，士的数量不断增多，而国家能够提供的职位和补贴有限。公元前 651 年，葵丘之会上齐桓公与诸侯盟约，其中一条就是"士无世官"，即士阶层不再享有商周以来的爵位待遇，大量士人不得不下岗自谋生路。要活下去怎么办？要么投靠名师去学习，用知识改变命运；要么奔走于权贵间再就业，从头再来。

在当时，年纪轻轻待在家里做宅男，基本上是在等死，于是便出现了一批游走于诸侯之间的士人，他们是受完训练却没能上岗、毕业却没有职业的有志青年。做文士要能出谋划策，做武士要能率兵打仗。无论是出谋划策还是带兵打仗，只能凭借诸侯、公卿或者大夫们的赏识获得一份工作，获得一份报酬。大而言之，成就自己的功业，如庞涓在魏，孙膑在齐，各为其主，斗智斗勇，让两国人仰马翻；小而言之，换取自己的衣食，如冯谖在孟尝君门下做门客，荀子投奔兰陵君，兢兢业业，为的是一份生计。

单纯的游士并不可怕，只要给他们提供一份工作，衣食无忧，他们便可以著书立说。单纯的纵横家也不可怕，天下大势，分久必合，合久必分，凡事自然有个了结。但游士来做纵横家，事情就复杂了：一是游士没有资金，只能从权贵那里分取一杯羹，有奶便是娘，不问道义；胜者为王败者寇，结果重于过程；连哄带骗，巧取豪夺，人性之恶便暴露无遗。二是游士没有背景，只能投奔于别人，虚与委蛇，注定要学会察言观色，审时度势，无奈空手套白狼，只能靠智谋取胜，钩心斗角，尔虞我诈，为的是保住自己的官禄、职位甚至身家性命。

3. 智谋高手

游士要变成纵横家，靠的是智谋。

一提到智谋，有的人两眼放光，兴奋起来，试图学会几招，不说骗别人，至少不被别人骗。《鬼谷子》讲的便是如何获得智谋，如何去游说诸侯，赢得一份合适的工作，成就一份梦想的功业，他总结出了几个关键词：

一是口才要好，死的要能说成活的，活的要能说成死的，才能左右逢源不被难倒。当年商鞅去游说秦孝公，准备了三套方案：王道、帝道、霸道。说前两套方案时，秦孝公昏昏欲睡，最后才把第三套方案拿出来，吸引得秦孝公不仅想听，而且听了三天三夜也不厌倦，商鞅的工作问题自然立刻解决了。能讲明白，要先想明白，那就需要变成一个有智谋的人。

二是敢冒危险。舍不得孩子套不着狼，空手套白狼最有效的办法就是不仅要舍得孩子，关键时还要舍得自己，置之死地而后生。楚怀王受了张仪的骗，发誓要捉住张仪解恨。结果呢，张仪不仅到了楚国，而且楚怀王又把他礼送回了秦国。艺高人胆大，那就需要懂得如何使用智谋，才能赴汤蹈火，游刃有余。

三是眼光独到，善于在纷纭复杂的事务中抓住矛盾，根据人的心性，对症下药。人有七情六欲，事有千变万化，关键是要洞察对方怎么想，预判事情如何发展，这就需要知道什么是智谋。

四是要抓住机会，不仅要选择合适的国君辅佐，能进能退，能远能近，还要找准恰当的机会动手，能开能合，能成能败。那就要知道什么样的条件下才是使用智谋。

游士要变成纵横家，除了要努力工作，更要深藏不露："潜谋于无形，常胜于不争。"因此《鬼谷子》中所总结的智谋，一如其名：一是求"鬼"，注重诡秘，讲求策略，即"智用于众人之所不能知"；二是"谷"，如洞谷曲折幽深，变幻无穷，即"能用于众人之所不能见"。刘勰《文心雕龙·史传》就说："鬼谷眇眇，每环奥义。”说的是《鬼谷子》的行文举言又止，其中蕴含着很深的意趣。

这跟这本书的性质有关，《鬼谷子》既然教人智谋，那当然是说给聪明人听的。聪明人之间的交流，只可意会，不必言传，点到即止。这类书不像《论语》《孟子》那样苦口婆心，反倒有点儿像《周易》《老子》，阅读时不只要看书上说了什么，还要想说的是什么意思，要想他为什么要这么说，更要想我还能怎么说。

这样一看，《鬼谷子》简直就是一个蜻蜓点水似的提纲，只提供了学会智谋的路径，并没有如《智囊》那样讲故事，也没有像《经世奇谋》《长短经》那样深入分析。如果我们期望从中学会游说之术，那就要结合《战国策》中的纵横家言；要从中了解点儿智谋之法，那就要结合中国历史上层出不穷的智谋故事来谈。

纵横家注重实用，并不以著书立说为追求，虽然汉代传有不少纵横家的著作，但后世基本都散佚了。汉代刘向、司马迁、刘安、扬雄、班固都曾引用过《鬼谷子》原文，说明这本书在汉代流传甚广。但西汉中期禁绝纵横之学，《鬼谷子》只能在皇家密室中看得到，南北朝时期才得以在民间广泛流传。现在我们看到的《鬼谷子》不是全本，其中《转丸》《胠乱》两篇已经散佚了，《持枢》也是残篇。

现存的《鬼谷子》由四部分内容组成：

一是《符言》。讲的是纵横家选择什么样的领导去辅佐。放在现在的语境下，那就是作为一个求职者，你应该如何判断你的领导是否值得你效力；而作为一个领导，能否吸引足够优秀的人才为你所用，关键在于自己这块铁打得硬不硬。《符言》列出了九条标准：立身端正、洞明世事、注重德行、赏罚分明、察纳谏言、因时处顺、做事周全、内心庄重、精通考核。讲的是什么样的人才能使用智谋。这可以看作是鬼谷子的管理心法。

二是《本经阴符》。这是《鬼谷子》一书的根本，讲的是如何变成有智谋的人，只有做到精神高远、意志坚定、思虑缜密、威仪俨然，长于判断形势、巧于使用计谋、善于斟酌损益。这七个心灵修炼方法，告诫我们智谋不是小聪明而是大智慧；智谋不是拍脑瓜想出来的，而是用心性修为熏染成的，这可以看作是鬼谷子的心灵修炼。

三是《中经》。在秦汉典籍中，“经”是来形容常行的义理与准则，是某种学说的典范和核心。《中经》讲的是《鬼谷子》一书的旨趣，是学了游说之术和智谋之法要“振穷趋急”的，即智谋是用来帮助走投无路之人和解救处于危难之事的，不能用智谋给自己谋私利，更不能用来陷害别人。智谋是拿来干什么的，这是鬼谷子学说的旨归，也是我们了解智谋的宗旨，在于让文韬武略坚守道义，让聪明才智合于德行，这可以看作是鬼谷子的纵横韬略。

四是游说之术。这部分内容占了《鬼谷子》的三分之二，但这十一篇只是术，而前三部分则是道。“形而上者谓之道，形而下者谓之器”。道，周流万物，掌握了道可以随类赋形，应对万方。而器只是具体的技巧，孔子曾教育子贡说“君子不器”，就是说真正高明的人，不要被具体而形象的东西困住，而忘记了贯穿在有形之物、琐碎之事、具体之人背后的道理，这十一篇讲的是如何使用智谋。这可以看作是鬼谷子的游说技巧。

要学习《鬼谷子》的智谋就先要明白智谋是干什么用的，其次要明白如何变成有大智谋的人，然后明白什么样的人才能使用智谋，最后才是怎么去用智谋。我们解读《鬼谷子》，就围绕这四个命题，把《鬼谷子》中的理论和中国历史上的智谋故事结合起来，一起研究研究大智慧是如何炼成的，大谋略是如何使用的。

目录

《鬼谷子》译注

鬼谷子的权谋与韬略

作为高人的鬼谷子，隐居世外，他的理论不是源于亲身实践，而是来自历史的经验总结，来自对中国文化的考察和对人类心性的省思。《鬼谷子》中的《符言》列了九条立身法则，不仅是理论概括也是经验的总结，讲的是一个人需要怎样的心性修养才能去使用智谋，才敢去使用智谋。这九条格言式的法则是怎么说的，又该如何解释？其观点与《道德经》《论语》《韩非子》《孙子兵法》《管子》《六韬》《邓析子》不谋而合，蕴含了古代高人们怎样的思考，历史上有哪些故事与这些格言惊人相似呢？

一、安、涂、正、静

《鬼谷子·符言》第一条是这么说的：

> 安、徐、正、静，其被节无不肉。善与而不静（争），虚心平意，以待倾损。右主位。

这个“右”的意思是“以上说的是”，古代书写都是自右向左竖写，右，即以上。主位，对于一个普通人来讲，便是找准了自己的位置；对于一个在位者来讲，便是要稳固自己的职位。鬼谷子认为，一个要成就点儿事业的人，至少要具备四点修养：安、徐、正、静。这是鬼谷子训练学生的基本要求，也是给我们开出的四字箴言，更是中国古代立身经验的概括。

那么，为什么要安、徐、正、静呢？怎么才能做到安、徐、正、静呢？

1. 安

在儒家看来，“安”是一个人从小孩子的不定性走向成年人稳重成熟的必由之路。“四书”之一的《大学》说：

> 知止而后有定，定而后能静，静而后能安，安而后能虑，虑而后能得。

安，首先是要有定力，就是要清楚自己到底想要什么。中国传统文化认为，要想成为一个让大家敬重的君子，要想成为一个走向成熟的人，需要不断学习，不断追求人格的完美和道德的完善。有了这样的正面追求，才能够定下心来修炼自己，不断增加正能量，这是做人的根本。

几乎每一个人都有追求成功的渴望，那么，为什么不少人离自己的梦想越来越远呢？主要是心不安，总想着一夜之间获得成功，总想着奇迹会在自己身上发生，有了这样浮躁的心态，不仅不能认真做好手边的事，而且连自己最擅长什么也不清楚。看似选择很多，却做了自己最不擅长的；看似机会不少，却没有能够把握住最关键的一个，问题就出在没有定力上。

楚霸王项羽一度叱咤风云，但后来为什么会败亡？性格决定命运，格局决定成败。司马迁便写了一段耐人深思的话：

> 项籍少时，学书不成，去；学剑，又不成。项梁怒之。籍曰：“书足以记名姓而已。剑一人敌，不足学，学万人敌。”于是项梁乃教籍兵法，籍大喜，略知其意，又不肯竟学。（《史记·项羽本纪》）

项羽在少年时期，学书法、学剑、学兵法，都不能坚持，更不能深入，用我们现在的话说，学到的都只是皮毛。但是胆子却很大，二十二岁那年，看到秦始皇巡游，张口便说："彼可取而代也。"一下子让项梁对他刮目相看。这样一个野心勃勃的有志青年，"长八尺余，力能扛鼎，才气过人"，顿时让吴中子弟很是敬佩。

我们都熟悉这样的说法：一是宁静才能致远，二是胆大心细。宁静就是能定，心细就是能虑，以此来衡量项羽，他胆大而浮躁，能够打破一个旧世界；年轻而气盛，却不能建立一个新世界。这就注定他只能把天下折腾得一塌糊涂，收拾残局还得靠刘邦这样的人来完成。

安，其次是要安心，就是随时清楚自己能做什么。一是坚持自己的目标什么是重要的，什么是次要的，想清楚了，才能做得明白，不轻易被外在诱惑所吸引而迷失了方向；二是要知道自己的边界。任何人都有短板，哪些事情驾轻就熟，哪些事情力不从心，心里要明白：同行没有同利，同事不能同成。在做人上要取长补短，日新月异，每天进步一点点，不断提高自己，完善自己；而在做事上，扬长就是避短，长处发挥到极致，就能取得别人无法替代的优势。这是让自己安心。

其次是让别人安心。说完项羽，我们来看看刘邦，司马迁这样写刘邦：

> 仁而爱人，喜施，意豁如也。常有大度，大事家人生产作业。（《史记·高祖本纪》）

刘邦没有读过多少书，但是喜欢接济朋友。胸襟开阔，大度，说的是做事能抓大放小，掌握关键环节。我们只用比较一下刘邦、项羽在关中的做法，就知道楚汉战争的结局。

刘邦攻入咸阳，面对关中父老对汉军的敌视，采用了最简单的安民之法，约法三章：

杀人者死，伤人及盗抵罪。（《史记·高祖本纪》）

我们知道，秦立国之后推行严刑峻法。严，是法令严苛。法禁太密，百姓议论朝政，不管有无道理，便是诽谤，会有灭族的危险。峻，是法令太急。稍有违法，立即执行，两人在一起说闲话，就有可能被冠以密谋的罪名，会被判以弃市。百姓动辄得咎，没有自由便觉得痛苦；没有程序正义，判决就不能让百姓心服。口服出于淫威，心服才能安民。刘邦顺势废秦苛法，按照人情事理，简单规定了：杀人偿命，伤人抵罪，偷盗处罚，严苛其余的法令立即废除。一下子让观望中的秦地百姓体会到了新政带来的自由。

刘邦又担心偏远地区的百姓不知道，便派遣将领随同秦吏到偏远地区去普法。这样一来，关中百姓立刻感到了新政府的宽宏大量，觉得从沉重的负担中解放了出来，纷纷带着牛羊去刘邦营中慰问。仁者无敌，得民心者得天下。刘邦迅速赢得了关中百姓的拥护，使得关中成为自己的根据地，为后来暗度陈仓、定都长安做了战略上的准备。

而项羽呢？进入关中像是在报仇：

引兵西屠咸阳，杀秦降王子婴，烧秦宫室，火三月

不灭，收其货宝妇女而东。(《史记·项羽本纪》)

这简直就是流寇。有人跟他说，霸王应该定都在咸阳，项羽犹豫了一下，但看到被自己烧毁的咸阳便说："大富大贵不回老家，就像穿着一套好衣服半夜走路，有谁知道?"于是带着打砸抢来的珠宝金银撤军往东了。不好好学习，见识就是如此，打天下的目的居然是为了回家摆排场，耀威扬武。心性一点儿都没成长，还是当年那样胆大而浮躁，年轻而气盛。不知道反省就不知道自己的对错；不知道成长就不知道自己该要什么。打打杀杀六七年了，兵越来越多，能干的属下越来越少。一个人对不起自己可能是那个人的问题，所有人都对不起自己那就是自己的问题了。人怕没文化，不知道省思，无知无畏的项羽，没有敬畏之心，就不知道拘束；没有自省之心，就只能狂妄到底，打打杀杀一辈子，因为不知道自己想要什么、在干什么，注定是只能以悲剧收场。

定心、安心是一个人最基本的修为，是走向成熟的第一项修炼。目标明确、途径清晰、上下齐心，就具备了成家立业的基本条件。一旦进入实际的运作中，遇到头绪繁多、诉求各异、利益冲突的局面，又该如何面对积重难返的客观环境呢?

2. 徐

徐，就是做事稳重，有张有弛，有轻有重，徐缓有致。老子说："治大国若烹小鲜。"船小好掉头，小的单位机动灵活，可以随意调整。但治理一个大的国家，管理一个大的单位，要意识到历史惯性和传统力量，最忌讳操之过急。“徐”的第一层意思是做事不能太峻急。

秦之所以亡，在于政策急，在二十年内能把六国灭掉，打碎一个旧世界，这是破。但要在十五年内重建一个新世界就很难做到，因为这是立。为了建立一个强大的帝国，不顾国家实力，不顾百姓生活，靠行政命令、用军事手段筑长城、修宫殿、毁名城，强行推广郡县制，结果逼反了陈胜吴广，振臂一呼，帝国瓦解。

楚汉战争时，刘邦为了鼓励将领也分封了七个异姓王，后来不放心，诛灭了异姓王，分封诸侯建国，久而久之，中央弱而诸侯强。景帝急于采用晁错削藩的建议，直接裁减诸侯实力，逼得诸侯起兵造反，酿成“七国之乱”。武帝即位后，接受主父偃的建议，改用了较为和缓的策略，允许诸侯将封地赐给自己的孩子。原先诸侯的土地和权力集中在长子长孙手里，代代相传，其余的子孙分不到土地。新的政策允许诸侯将土地赐给所有的孩子，这样诸侯的封地就很容易分成无数小的区块，集中不起来力量与中央对抗。而且在分封中，原先诸侯与中央的矛盾变成了诸侯王子孙们的内部矛盾。不出几代，就彻底瓦解了自西周以来所固守的分封制度。

“徐”的第二层意思是遇事不能太着急，人来到这个世界，就是要解决问题。做的事情越大要解决的问题越多。我们常说的大将风度，就是临大事有静气，才能让同事放心，让部属安心。

说到大将风度，还是看看淝水之战中的谢安吧。

公元 383 年 8 月，前秦苻坚率领百万大军伐晋，当时东晋兵力虚弱，可抽调的只有谢玄的八万北府兵，面对强敌压境，举国震恐。谢安这时担任征讨大将军，率领谢家军迎敌。谢玄临行时向叔父谢安请示机宜，谢安却像平时一样说话：“我会另行下达命令的，你先去吧。”

谢玄不敢再问，又让部将张玄再次请计。谢安还是没有回答，既然你俩不走，那就准备车马跟我一起到山中下棋吧。谢玄的棋艺要比谢安高不少，但心中牵挂战局，魂不守舍，忧心忡忡，多盘都不能取胜。下完棋，谢安又带着他们登山，直到夜幕降临才回府。

另一位大将桓冲担心京城安危，派兵前来增援。谢安听说后，让那些兵马回去，说你们那边战略位置同样重要，加紧防备，我这边已经安排好了。桓冲看完谢安的命令长叹一声：“谢安有度量，但却不懂得什么叫如临大敌，现在是战战兢兢的时候，他却还在那里游山玩水，我们只能自己应对了。”

其实谢安更加忧心如焚，但着急不能解决问题，面对突如其来的战争，作为主事的大将军，是全军的主心骨，一国安危系于一身，怎能像一般人一样忧形于色。他如果乱了方寸，朝廷就乱了；他高度紧张，东晋绷得很紧的弦可能就断了。只有等大家紧张、害怕、着急、无奈的情绪平定下来，才能从容面对。谢安的游山玩水，是用来安抚将领紧张、急躁情绪的心理疗法。

当谢玄率领大军取得胜利的捷报送到京城，谢安正在将军府与客人下棋。他拿过捷报看过，随手放在一边，继续下棋，还是那样不紧不慢。客人忍不住了："前方战事怎么样啊？"

"孩子们已打败了敌人。"谢安淡淡地说。

等下完棋送客人走后，谢安从客厅走回内室，竟忘了迈门槛，把木屐底部的木齿都撞断了。可见他心中是何等的兴奋，但表面上一如既往地从容。

老百姓常说的"大将风度"，正是说做事要沉稳、自信、从容，在关键时刻沉住气，不着急，这才是稳坐钓鱼台。那么这种风度是如何培养出来的呢？这种个人魅力的根源是什么呢？

3. 正

正是立身端正，处事公正。谢安举重若轻，能用从容安定军心，在于他平时严格要求自己，严格要求子侄。他的夫人经常教育孩子，有一天问谢安："我苦口婆心说，怎么看不到你去教育孩子呢？"谢安回答说："身教。我也时常教育孩子啊，但桃李不言，下自成蹊，我教育的方法是做给他们看。"谢夫人说的是言教，而谢安讲的则是身教。身教，就是时时、处处、事事严格要求自己，希望孩子成为一个什么样的人、要求属下做一个什么样的人，自己先做一个什么样的人。一个人可以暂时欺骗几个人，但不可能永远欺骗所有的人。大言炎炎而行为猥琐，迟早会被人看穿而受到耻笑的。要想具有影响力，那就先要立身正，才能服人。

一是立身端正，一个人要有正气，就会凛然不可犯，奸邪小人、芜鄙之事就不会沾染其身。如何培养浩然正气呢？那就要亲贤臣，远小人，友正直而近高雅。一个人的境界取决于他的朋友，一个人的水平取决于他的对手。看一个人是什么样的人，看看他整天和什么人在一起就知道了。物以类聚，人以群分，同声相应，同气相求，培养了高雅志趣、浩然正气，自然不知不觉就有了同样性情的朋友。

光武帝刘秀退朝之后，就与朝廷里有学问的公卿讨论经书中的义理，探寻治国之道，常常兴致高昂，持续到半夜方才歇息。皇太子觉得这样劳累，会不会损坏身体，就把自己的疑虑跟刘秀去讲。刘秀说：我以此为乐，不觉得疲倦。因为刘秀知道，得天下容易而守天下难，只有寻找到长治久安之法，才能保证国家稳定，若是头疼医头，脚疼医脚，官员变成消防队员，捉襟见肘，疲于奔命，不仅不能赢得百姓的尊重，甚至连官员都相互看不起。

唐太宗即位以后，集四部之书二十余万部放在弘文馆，精选天下饱学之士虞世南、褚亮、姚思廉、欧阳询、蔡允恭、萧德言等人，轮番值更，每天退朝之后便来到内殿讨论历代行政得失，总结经验教训，作为执政的参考，作为朝廷处理问题的依据，也是常常到半夜方才结束。李世民曾对裴寂说：“近来上书的条陈很多，我取来那些言之成理的贴在墙壁上，不仅便于浏览，而且时时警醒自己。天下至大，治之甚难，如何有利于民，如何不病于国，需要我们好好思量。我一时一刻不敢荒怠，咱们君臣只有如此兢兢业业，才能把事情处理好。”

优秀从来都不是天生的，成功也不是天上掉下来的，而是不断学习，不断修为，不断熏染。德不孤，必有邻，多读书，多交益友，便能脱尽渣滓，不断养成浩然正气。

二是处事公正，就是做事要顾全大局，成人之美。“安史之乱”中，唐玄宗被迫逃离长安，从左藏库出发。唐朝时左藏库是国家的钱库。当玄宗到达库门口，远远望见上千士兵手持火把迎候。

唐玄宗就问：“这是干什么呢？”

杨国忠说：“准备烧了国库，让安禄山的叛军什么也得不到。”

唐玄宗虽然晚年荒废朝政，但年轻时也是有理想有抱负的杰出青年，也曾一度做过明君，关键时候还是不糊涂，立刻责备杨国忠：“安史叛军若到了府库一无所获，必然向百姓横征暴敛，敲骨吸髓。与其焚烧，不如留给他们吧，不要让他们再来折腾我们的百姓了。”随即命令撤了火炬。

这件事很快传遍了长安城，老百姓听到后都很感动，纷纷说：“国君还是爱我们老百姓的，能这样做，说明他的福气还没有完，虽然暂时逃出京师，应该还能回来的。”

孔子曾说：

其身正，不令而行；其身不正，虽令不从。

（《论语·子路》）

一个人能以身作则，才能不言而教，得到大家的信任。立身端正，就是不胡来，不乱来，坦荡磊落，庄重正直；处事公正，就是知道何去何从，大公无私的事努力去做，先公后私的事尽量去做，损公肥私的事坚决不做。做到安，有了心境；做到徐，有了气度；做到正，有了标准。那么静是什么含义，又该如何做到呢？

4. 静

静，用儒家的话来说就是心不妄动。俗话说：饱暖思淫欲。一个普通人有了经济基础之后就会胡思乱想，约束不了自己的内心。如果要想做点儿人事，不学会自我收敛，自我反省，就会忍不住在众人面前显摆。倘若做了高管，下面有一堆捧场者，旁边有一堆怂恿者，上面缺少了监督者，则很容易自我膨胀，觉得自己不仅无所不能，甚至有时候简直就是圣人再世，便容易骄纵膨胀，不知不觉走向毁亡。

现在社会上出现的炫富、耀官的事情，正是心不安静的结果。当年子贡问孔子：

贫而无谄，富而无骄，何如？（《论语·学而》）

贫穷而不去谄媚富人，富足而没有骄纵之心，会怎么样呢？

孔子回答说：

可也；未若贫而乐，富而好礼者也。（《论语·学而》）

那样做也不错，但这样做就更好了：贫而乐，即安贫乐道，虽然贫困，但知道做人的底线在什么地方，不去违法乱纪，不去卖主求荣，不去铤而走险，说明做人有底线。如果坚守德行而没有富贵，不要怀疑，那不是你的错，是社会需要调整。富而好礼，越富足越要讲规矩，尊重规则，才能保持富贵绵长。这个时候，锦上添花的事情可以做，雪中送炭的事情更要做；损人利己的事不去做，损人不利己的事不去想，这样才不会骄纵，才不会坑害自己。

静，用道家的话来讲，就是心要虚静。老子说：

致虚极，守静笃。（《道德经》第十六章）

是说人要放弃心中的杂念，做到内心的宁静和澄明，进入无我的状态。

宋朝有个宰相叫富弼，少年时在洛阳，有人背后骂他。朋友就告诉他，他说：“骂的是别人吧。”朋友又说：“提着你的姓名骂你，怎么会是别人呢?”富弼便说：“可能是骂同名的人吧。”不入耳之言，自然不入心，那个骂富弼的人后来听富弼这么说，便觉得惭愧。富弼能够不动心，与其说是心胸宽广，莫若说是心境澄明，宽广能容纳下别人，澄明能想清楚是非。人生在世，得罪不尽，维持不完，只要做事必然有流言蜚语，做天下事，自然要敢于面对天下之论、能够容忍天下之谤。若轻易因为属下一句话而怒不可遏，因为对手一件事就不计后果，只是匹夫之勇，怎能赢得属下的敬重，赢得他人的尊重呢？

静，从法家来说，就是静因之术。《管子·心术上》说：

有道之君，其处也若无知，其应物也若偶之，静因之道也。

静因就是处静，处静就是以无为求有为。一个高明的人是要时时刻刻调动同事的积极性，看似无知，实则洞察属下的长处，能够有效利用部下的优点补充自己的不足，而不是盯着手下失误来证明自己高明，靠责备训斥属下来树立威严，这才是最高明的管理。

刘邦打下天下之后，就在洛阳的南宫举行庆功宴。酒过三巡，刘邦问众臣：“咱们一起总结一下：我为什么能得到天下？项羽为什么失去天下呢？”

高起、王陵不假思索就回答道：“陛下您带领我们攻城略地，打下来就分给我们，大家跟着你一起享受胜利成果；项羽则不然，他担心别人功劳大过他，疑虑贤明的人超过他，就他一个人厉害，所以失去天下。”

刘邦说：“你们只知其一，不知其二。我们之所以成功在于三个人：运筹帷幄之中，决胜千里之外，我不如张良；镇国家，抚百姓，给饷馈，不绝粮道，我不如萧何；连百万之众，战必胜，攻必取，我不如韩信。这三人都是人中豪杰，我能用之，这就是我取得天下的原因。项羽只有一范增还不能重用，所以被我打败了。”

安、徐、正、静，是一个人做事业的必备素养：心安理得才能持之以恒，徐缓有致才能有条不紊，公正才能赢得天下信任，虚静才能激发属下热情。有了这样的心性修养，才能谈得上去做一番事业。

做到了安、徐、正、静，便有了个人魅力，但要做更大的事，还要怎么做才能团结别人，让有才能的人团结在自己周围呢？

二、善与不争

智谋是个好东西，有智谋才能做成大事业。但智谋并不是谁都能用的。《红楼梦》里说王熙凤“机关算尽太聪明，反算了卿家性命”。王熙凤的聪明伶俐怎么会落了一个“哭向金陵事更哀”的下场呢？

关键是心性修养不够。

王熙凤可能没读过《鬼谷子》。安、徐、正、静，她一个也没有做到。秦可卿说她是“脂粉堆里的英雄”，脂粉队里的英雄也还是脂粉，只凭脑瓜好使，口齿伶俐，会讨上级领导贾母的欢心，成为贾府的管家，但她几乎不思索贾府之外的事情，得来权力全用来满足自己的控制欲和占有欲。走到哪里要么满堂欢笑，要么鸡飞狗跳，既不能使贾府上下安心，也不能行事端正，看似精明、聪明，因为缺少敦厚诚朴的心性修为，也只是写在脸上的小聪明。

如何走出小聪明，走向成熟睿智的大智慧呢？

1. 留有决策空间

如果说安、徐、正、静是诸子们的共识，是大家公认的基本原则，那么具体怎么做，不同的书便有了差异。《管子·九守》说：

> 安徐而静，柔节先定，虚心平意以待须。

《管子·势篇》则说：

> 贤者安徐正静，柔节先定。行于不敢，而立于不能，守弱节而坚处之。

《六韬·文韬·大礼》姜太公告诉文王则说：

> 安徐而静，柔节先定。善与而不争，虚心平志，待物以正。

这三处强调的“柔节先定”都是从道家学说发展而来的。道家主张以柔弱胜刚强，认为人要身段柔软，处事柔和而有原则，才能服众。用现在的话来说就是外圆内方，绵里藏针，而不能像王熙凤那样咋咋呼呼，过于强势。先秦诸子普遍推崇的至高修为是“行于不敢，而立于不能”，内心无比强大，却严肃认真，坚守信念，充满信心，但外表看起来却谦恭而谨慎。

但在《鬼谷子》中则写为“其被节无不肉”。这句话与其他书不同，显然是《鬼谷子》有意为之。我们知道《鬼谷子》所教的学生都是布衣出身，是要游走天下而求职谋生的人。他们去观察一个国君是否值得辅佐，因为一个人找领导要比领导找属下更重要，尤其在战国时期，诸侯之间斗智斗勇，攻城略地，尔虞我诈，稍有不慎跟错了领导，不仅自毁前程，还要赔上身家性命。

“被节无不肉”是用人的关节来比喻战略资源和决策空间。《黄帝内经·宝命全形论》说：“天有阴阳，人有十二节。”十二节是指人体两侧肩、肘、腕、髋、膝、踝左右对称，共十二处大关节。关节内有软骨，外有肌腱，才能运动自如收缩有力。鬼谷子用“关节”来比喻处理问题的空间。

“被”，在这里是“到达”的意思，有了“安徐正静”的修养，遇到国家有重大危险、国君面临重大决策的时候，才能像有厚厚肌腱包着的关节一样可以运动自如，有较为稳妥的转圜空间。

《三国演义》中有“关羽华容道义释曹操”的故事，且不说这故事是否符合历史真实，有人因此怀疑诸葛亮的用心：明知道关羽会放走曹操，为什么还派关羽去呢？一种解释是：诸葛亮先立下军令状，以此控制关羽。另一种解释是：诸葛亮认定关羽会放走曹操，才故意派他去，既成全了关羽仁义的名声，也完成了自己的战略布局。

在《隆中对》中，诸葛亮确立了联吴抗曹、三分天下的战略，这是诸葛亮兴复汉室的基础，也是一生无怨无悔的追求。但现在，如果曹操被杀，立刻天下大乱，而北方要么会有另一个曹操出现，要么吴国趁机北上。这时刘备兵马也不足，只能坐看别人成就大业，等于麻将牌桌上点了炮，赢的人不仅不感谢反而怪你出手太臭。更何况曹操一死吴国没有强敌压境，当然不会与刘备的散兵游勇联合，刘皇叔连狐假虎威的资本都没了，不仅兴复汉室这个梦做不成，连想睡个安稳觉都不能了。所以，诸葛亮在放走曹操以后长叹一声："夜观乾象，操贼未合身亡。"算是将这事结案了。

这个故事是小说家言。历史上确实有个类似的故事，说的是徐达放走元顺帝。

洪武二年（1369）徐达率军围攻开平府。开平府是元的上都，在现在内蒙古锡林郭勒盟境内。这时元顺帝已经从中都（也就是现在的北京）退守到此。徐达攻城用的却是围三阙一的策略，就是围攻三面，留出一面。果然元顺帝就带人从这一面逃了出去。联合作战的常遇春知道后很生气，觉得白白丢失了一件大功，可恨可恼。徐达说："元顺帝名正言顺做了三十五年皇帝，天下都习惯了。要是我们将他活捉了，怎么处理？杀了，我们成了众矢之的，做不到。划分一块地分封给他？我们说了算吗？我们自己心里能甘心吗？既然如此，莫不如放他逃回蒙古吧。”常遇春还是觉得无法理解。等收兵回营，将来龙去脉报告朱元璋。朱元璋不仅没有怪罪，反而称赞徐达“为将不妄杀人”，是国家的柱石。

徐达在对待元顺帝的问题上，是从国家层面思考，而不仅仅为了满足一己邀功去抓一个皇帝。历代改朝换代，如何处置前朝帝王是一个令新皇帝挠头的事。如果公开处死，新朝无疑彻底得罪了前朝遗民，新朝尚未立足，便树起了不仁不义的牌坊。但若是封地或是贬为庶民，必定有一大群人追随，不可避免成为新朝的心头大患，项羽杀死秦降王子婴，便成为刘邦列举的十大罪状之一，此后曹丕处理汉献帝，赵匡义处理唐后主都留下让人诟病的话柄。所以，徐达放走元顺帝，一是避免了元顺帝属下的死拼，减少了伤亡；二是中原大地的元朝贵族能够追随元顺帝回蒙古，迅速瓦解了元军的斗志；三是便于集中精力平定长城以南的割据势力，为统一全国做好准备。

因此，鬼谷子用“被节无不肉”代替了“柔节先定”，告诉弟子什么样的诸侯才值得辅佐。要有足够的发展空间，有丰富的战略资源，才能腾挪自如，才能左右逢源，才能游刃有余。我们都知道，无论人与人的关系、事与事之间的冲突，常常是在某个关节处卡住了，像堵车一样，进不得，退不了，只好硬着头皮坚持。但在局势瞬息万变的战国时期，国家缺少战略转圜的空间必然被逼入死角成为众强围攻的对象。就像下象棋一样，对手已经布好了阵势，处处皆可被将死。

衡量一个机构的组织模式，也是衡量一个组织的发展空间、运转环境的重要机制，只有组织合理、前途无量、运转自如的单位，才值得投身，才值得向往。看来有了安、徐、正、静的个人修养，还必须要有一个合理的组织，才能将“小我”拓展为“大我”，实现发展的第一步；才能由一个人变成一个单位，建构一个有序的组织。做到了这一点，只是万里长征走完了第一步。那么，在这个基础上，个人如何与组织的人相处呢?

2. 不争才能容人

《鬼谷子》原本写作“善与而不静”，这个“静”是个通假字，其实就是当时的别字，应该是“争”。

一是因为《六韬》写作“善与而不争”，马王堆帛书《称》也写作“善予不争”，鬼谷子的说法与之相似，是同一个来源；

二是前一句刚强调心性要“静”，紧接着便是“不静”，显然自相矛盾。

三是“不争”是道家学说的核心观念。老子说：“天之道，利而不害；圣人之道，为而不争。”（《道德经》第八十一章）真正的影响力不是靠抢夺获得的，而是取决于大家公认，取决于自己的所作所为。老子说的“不争”是“善利万物而不争”，即把人做好，把事做好，但行好事，莫问前程，清者自清，浊者自浊。有了口碑就有了品牌，有了品牌就赢得了信任。这就是“以其不争，故天下莫能与之争”，不要有意气之争，不要有私利之争，才能赢得大家的信任。

无论是“善与”，还是“善予”，都是给予、赐予的意思。就是要善于付出，能给予他人名位、赏赐和权力，而自己不与之争功、逞能。做事，就是将一大群人组织起来，为了共同的目标、共同的理想、共同的理念而相互支撑，彼此配合，一起做些有意义的事。在这个组织中，要调动大家的积极性，那就先要满足同事的事业追求、价值实现，使之能够有不懈的动力去工作。

刘邦能够用五年时间赢得楚汉战争的胜利，以一介平民成为汉朝开国皇帝，“善与”是他赢得支持的重要策略。韩信曾跟刘邦谈过项羽的短处，一是“不能任属贤将”，项羽有万夫不当之勇，没有三个帮的好汉街头打架可以，打天下可不行。二是舍不得封赏，“至使人有功，当封爵，印刓敝，忍不能予”，天下是自己打下来的，但一个人坐不了那么多的山头，总要封给别人镇守吧，可项羽舍不得啊，把刻好的大印放在手里摸来摸去，印的棱角都磨下去了，还舍不得赐予属下。这样的胸怀也就是个山大王啊，能成大事吗？张良、韩信、英布、季布、陈平这些有才能的人一看领导太强势了，自己没有立功的机会，有了好处，领导通吃，舍不得分给大家，还是走吧。到哪里？到看似没本事，但知人善任、敢给人平台的刘邦那里。

刘邦则正好相反，韩信攻下齐国之后，便派人跟刘邦谈条件：“齐边楚，权轻，不为假王，恐不能安齐。”就是说齐国我已经攻下来了，要稳定局势必须要在这里设一个王来镇守，眼下没有合适的人选，莫不如让我来代理这个齐王吧。刘邦此时正被楚军围困，第一反应是生气。老板还困在这里，你不想着发兵救我，只想着自己当王。刚张嘴骂出来，张良、陈平便一边一脚踩过去，对刘邦耳语："能禁止韩信称王吗？你要是不同意，谁来救咱们？"刘邦立刻醒悟："只想着自己当王，有什么不可？说什么代理，我直接封作齐王就是了。"然后派张良去宣布命令，让韩信立刻起兵救援。

我们前面讲过，刘邦总结自己的成功经验，说用对了三个人：张良能够出谋划策，韩信能够百战百胜，萧何能够保障后勤。善与，就是善于给手下权力、名位，使属下能力得以充分发挥，取得的天下便是刘邦的。刘邦所做的，一是善与，二是不争。

由此来看"善与而不争"就是要能够及时满足下属的理想抱负，让他们各逞其能、各尽其才。而自己呢，一不与属下争功，二不与同事争能，三不与部门争利。高明的人，不是显示自己的高人一等，而是想办法发挥属下的聪明才智，让部属皆乐意为用，看似无为，实则无所不为。

3. 决策要心平气和

虚心在这里不是谦虚、不自满的意思，而是来自《道德经》：

圣人之治，虚其心，实其腹，弱其志，强其骨。常使民无知无欲，使夫智者不敢为也。为无为，则无不治。

虚其心，就是平心静气，让心中少些私心，少了妄念，安静平和；实其腹，就是吃饱穿暖；弱其志，减少野心和奢望；强其骨，通过锻炼，强筋健骨，身强体健。一个国家要能够让老百姓心安理得，不用权术，没有欺诈，不用哄骗，没有谎言，那些精于算计的人不敢胡作非为，那些坑蒙拐骗的手段不敢拿出来使用，老百姓各安其所。这样的国度，看起来管理者什么都没做，其实是最好的治理。

在道家文化里，“虚心”是让心中空灵、明净、通透，而“平意”，则是让心志平和。鬼谷子告诫弟子，无论矛盾多么复杂，无论环境多么险恶，一定要保持心平气和的状态。怎么才能做到虚心、平意呢？

《庄子·应帝王》里讲了一个故事，说的便是如何心平气和、顺势而为。

在郑国有个巫师叫季咸，善于看相，门庭若市，列子对他佩服得五体投地，就在自己老师壶子面前吹嘘季咸，讲得如醉如痴，感叹道：“先生啊，我以前总以为你是高人，现在才发现，长江后浪推前浪，一代更比一代浪哪。”

壶子说：“是吗？要不你介绍一下，让他来给我也看看相吧。”

第二天，列子兴奋地请季咸来给壶子看相。季咸看了一会儿，出门对列子说："哎呀，你的老师快要死了！我看他面如灰烬，死气沉沉。赶紧准备后事吧。"

列子跑进屋，伤心得泪如雨下，一边哽咽一边就把季咸的话告诉老师。壶子说："你别哭啊。我这是闭塞了生机，给他看到的只是寂然不动，心如死灰，他只看到表象，就认为我要死了。你让他再来看。"

第三天，列子又请季咸。季咸看后说："不错啊。你老师的病症减轻了，比昨天有了生机，有救了。"送走季咸，列子又如实汇报。壶子说："我这次排除了名利杂念，把生机隐约显露出来，他就看到大病初愈的样子。要不你再让他来试试?"

第四天季咸又看，出门后对列子说："你的老师心迹不定，神情恍惚，这样子没法看啊。等他心绪稳定了我再来看。"季咸走后壶子对列子说："刚才调整自己，让阴阳均衡、内心平和，显得生机勃勃。我只是九分显露出了三分，他就看不懂了。要不再试试?"

第五天季咸又来，结果在壶子前还没站稳，就吓得跑了。壶子说："快去追他!"逃命的季咸远比要命的列子跑得快。壶子看着气喘吁吁跑回来的列子说："之前我给他看的是我自己，显露得有多有少，他还能判断。这次我虚心平意，完全无我，他想看到什么，我就显示什么，跟他随意应付，陪他玩，结果他觉得我浩瀚无边，深不可测，就害怕了，自然要逃走。"

庄子所描绘的正是道家的虚心平意，是超然世外的高人境界。

鬼谷子说的“虚心平意”，正是要达到壶子最后所展现的境地，那就是当我们面对一个不确定的问题时，要放弃固有的经验、传统、习惯，先静心观察，与之浮沉，与之委曲，不先入为主，不自以为是，才能沉着应对一切发生的和未发生的事。

“虚心平意”是根据对方的形态用智谋，因为对方看到的只是自己故意显露的，便可以从容应对，令对方不知所措。兵法里的“因敌用谋”便是利用对手的弱点诱导他做出错误的判断。

在《三国演义》中，诸葛亮先是抓住了司马懿多疑的性格，唱了一出空城计。但没想到司马懿也用“虚心平意，以待倾损”，耗死了出师未捷的诸葛亮。诸葛亮出祁山，后勤供应一直是个问题，因而必须速战速决。但司马懿一看诸葛亮屯兵五丈原，知道诸葛亮无法突袭，便下令坚守不出跟诸葛亮打持久战。结果诸葛亮等不及啊，便让士兵“取巾帼并妇人缟素之服，盛于大盒之内，修书一封，遣人送至魏寨”。在这封信里，诸葛亮讥笑司马懿不出战，不退兵，不是大丈夫的作为，与妇女有什么区别。想以此激怒司马懿，立刻决战。司马懿看完，一时动怒，但立刻便笑道：“孔明先生把我当妇女了。”并厚待使者，与之聊天，仿佛问及老朋友，了解了诸葛亮的作息、饮食之类的闲事，最后说：“孔明先生这样子食少事烦，岂能长久？”

这一下子点到了诸葛亮的心病，看来年轻的、健康的司马懿要和衰老的、多病的我耗啊，这结果是明摆着的。诸葛亮虽然心急，但又无可奈何，攻又攻不动，退吧就再没有进攻的机会了，只能干着急。司马懿手下的众将都觉得受到了侮辱，纷纷要求出战，司马懿说："要打，可以啊，我也想打，但你们得容我报告皇上。"从前线到洛阳一千多里，等魏明帝曹睿批示下来，蜀军不仅耗得差不多了，诸葛亮也累得开始吐血了。

由此来看"虚心平意，以待倾损"，就知道保持心平气和对于个人决策、对于身家性命有多么重要了。人来到这个世界上就是为了解决问题的，所以不要怕麻烦。世界上的事情不会因为我们期盼就迅速到来，也不会因为我们害怕就悄然离去，那就顺其自然，不要着急，也不要拖延。人生可以有规划，但不可能有完整的预案。我们不可能把所有要发生的事情都准备好，只能兵来将挡，水来土掩，心平气和，从容应对。

"主位"一节讲了一个人走向社会的基本素养：安、徐、正、静，才能给自己留出足够的决策空间和做事余地；善与而不争，才能合理处理好同事关系；虚心平意，以待倾损，才能冷静应对任何复杂的事。

冷静应对的前提是要看清，那么如何来看清周围的人和事呢？有什么样的秘诀能让自己洞若观火呢？

三、天下为用

上一讲我们讲了一个人成就事业的个人修为，那么要想不断发展，如何才能从世俗中崛起，超越普通、走向卓越呢？儒家说的“修身、齐家、治国、平天下”，道家讲的“以身观身，以家观家，以乡观乡，以国观国，以天下观天下”，该如何统一起来，以大志向成就大作为呢？

《鬼谷子·符言》第二条是“主明”，讲的是如何才能够看清人事：

> 目贵明，耳贵聪，心贵智。以天下之目视者，则无不见；以天下之耳听者，则无不闻；以天下之心虑者，则无不知。辐辏并进，则明不可塞。右主明。

这段话与《六韬·文韬·大礼》姜太公回答文王的咨询基本一致，和《管子·九守》也没有大的差别。春秋时有一本法家著作叫《邓析子》，现在只留下《无厚》和《转辞》两篇，其中也有这样一段话：

目贵明，耳贵聪，心贵公。以天下之目视，则无不见。以天下之耳听，则无不闻。以天下之智虑，则无不知。得此三术，则存于不为也。

认为掌握了这一法则，就能够洞明世事而不被蒙蔽，不被蒙蔽才能无为无不为。看似简单的一句话，真的有这么神奇吗？其中蕴含着怎样的深意呢？

1. 聪明睿智

在中国人看来，耳听为聪，眼见为明。我们现在有个词叫“聪明”，形容的正是耳目并用。有老师讲：“聪”，是耳旁，总，上面两点为眼，中间为口，下面为心，是耳、目、口、心。“明”呢，日月相合而成。聪明，是要耳朵、眼睛、口和心日月不停地学习、积累而成。这样积累到足够高的水平，就达到圣人的高度了。“圣”的繁体“聖”，是“耳、口、王”组成，就是听得清，说得妙，心合王道，便成“圣”了。

那么听得清、看得明，是不是简单的听到声音、看到事物呢？

不是这么简单。

管子说“闻审谓之聪”，就是听到声音，并能够同时审察其真假虚实的才是“聪”。庄子说“耳彻为聪”，“彻”是通达、洞达的意思，只有把耳朵听到的信息判断得清清楚楚、明明白白，才能叫作聪。

我们都知道屈原投江自尽冤得很。其实这一悲冤的根源在于他的上级楚怀王在“耳贵聪”上出了大问题。屈原辅佐楚怀王，楚怀王最初对屈原非常信任，两人曾下决心相互支持，振兴楚国，楚怀王就委托屈原起草改革的宪令。但楚怀王有个很要命的毛病，就是耳朵根子太软，别人说什么都觉得有道理。我们知道，任何改革都要触动某些既得利益者，那就需要君王坚持信念，支持改革者。但楚怀王没有主见，那些权贵一听说屈原要改革，马上就开始围攻屈原说屈原的坏话。古代宫廷的政治斗争常常使用的策略是：我不说你的改革不对，而是支持你的改革，因为谁都知道不改不行了。但我说你不具备领导改革的资格，或者你改革的动机不纯。权贵们便指责屈原的人品不行，甚至指使屈原的学生倒打一耙，攻击屈原改革的动机，说他是为了独断专行。

听到这些，楚怀王犹豫了，动摇了，便开始疏远屈原。司马迁说：“屈平疾王听之不聪也。”楚怀王听到了很多意见，但不加分辨，不加区别，都信了。结果不仅疏远了屈原，而且毁了楚国一度中兴的希望。再之后，秦国的张仪利用楚怀王“听之不聪”的毛病，接二连三地欺骗他。骗子多了，傻子就不够用了，楚怀王吃一堑不长一智，被骗到秦国客死他乡，白白葬送了楚国的战略机遇期。

所以，“聪”字本身就带有听音知情、听话知意的意味。荀子在《劝学》里说：“耳不能两听而聪”，就是说两种不同的意见不能都信，要做出判断。这样我们就明白了，听得再清楚，也不能完全相信，要仔细判断其真实，这才是耳聪。

明与“聪”一样，不仅是指眼力好，更是指看得清。有句歌词说得很好：“借我一双慧眼吧，让我把这世界看得清清楚楚、明明白白、真真切切。”明，说的正是看得清楚、明白、真切。用孟子的话来说就是“明足以察秋毫之末”，目光敏锐，眼光独到。

做人做事有四个层面：一是看别人看到的，做别人做到的，这是常人。二是看别人做到的，做别人看到的，这是猛人。三是看别人看不到的，做别人做不到的，这是牛人。四是做别人看不到的，想别人做不到的，这是超人。看得到才能想得到，想得到才能做得到，要成为一个这样的人，“目贵明”是说要有看懂世界、看清真相、看透人心的眼光。

《吕氏春秋》记载了一个故事。说当年孔子困于陈、蔡之间，饥寒交迫，七天都没有吃到一粒米，忍饥挨饿，站都站不住。后来颜回讨了点儿米回来，赶紧点火做饭。孔子虽然在一边弹琴，一副不饿的样子，但还是忍不住往颜回这边看。结果饭快熟的时候，看到颜回悄悄把手伸到锅里抓饭吃。孔子很惊讶：这可是我最得意的学生啊，怎么也偷吃呢？

当颜回恭恭敬敬端饭给孔子的时候，孔子起身说：“今天做梦梦见了先君，我们有饭，正是老人家暗中相助啊。你把饭弄干净，咱们祭奠一下。”颜回却回答：“老师，不行啊。刚才煮饭时草灰落入锅中，我舍不得丢那脏了的饭，就捏出来吃了。”

孔子顿时明白了：颜回还是一个好学生啊。他感慨地说：

> 所信者目也，而目犹不可信；所恃者心也，而心犹不足恃。弟子记之：知人固不易矣。（《吕氏春秋·审分览》）

意思是说，我们都相信眼见为真，但眼睛看到的有些是不可信的；我们都觉得做事凭自己的心，但有时心是会胡思乱想的。我们要记住：知道一个人、了解一个人是多么艰难的事啊。

写完这件事，《吕氏春秋》的主编吕不韦也反省说：“有智能不难，以孔子的智能，想要洞察一个人都觉得难。何况远不如孔子的我们乎？”中国文化是既讲“智”又讲“慧”的文化。但智和慧有着层面的区别。读书多了，知识多了，见识多了，遇事反应快，想得通，是“智”。而“慧”呢，则是心里彻底想明白了，世事洞明，人情练达，能把所学用于实践，便是“慧”。汉初的贾谊说：“深知祸福谓之知，反知为愚；亟见窕察谓之慧，反慧为童。”一个人能够判断出吉凶祸福才叫作聪明；而能够在常人尚没有看明白吉凶祸福的时候，就看出了细微的征兆，那才叫明慧。因此，聪明的反义词是愚蠢，明慧的反义词是蒙昧。佛学传进来之后，在译经时，把“般若”翻译成“慧”，进一步明确了“智”与“慧”的区别：

> 明相曰智，明理曰慧。决断曰智，简择曰慧。俗谛曰智，真谛曰慧。

用我们现在的话来说：就是知道会发生什么叫作智，知道为什么会发生叫作慧；能够决断是智，能够做最好的决断是慧；只知道一般的尘俗中的道理是智，而能够心无挂碍、万事洞明则是慧。

我们前面提到的“借我一双慧眼吧”，目的是看得清楚、明白、真切，那就需要既看到是什么，也要想出为什么，还要考虑怎么应对，看得清，这是智；想得通，这是慧；做得好，这是谋。把这三者结合起来，就是智谋。

北宋仁宗时期，与辽、西夏的战事连绵，但北宋经常打不赢。时间一长，朝廷官员都认识到问题的本质所在：皇帝总是让缺乏教育、没有谋略的宦官担任监军，不仅是对将领们的掣肘，更是对将领们的折磨。按照北宋传统，作战皆有监军随行，将领前面指挥，监军往朝廷报告，立了功，监军至少有一半功劳；失败了，责任全在将领。但宦官是皇帝的家奴，谁也不敢奏请废掉宦官监军的传统。康定元年（1040）正月，三川口之战中，宦官黄德和不战而逃导致大将刘平力战被俘。朝官开始讨论废掉监军，这就涉及北宋重文轻武、信文疑武的传统。若因此轻易废掉，将统兵大权全部交给将领，兵变起家的赵家肯定不放心，关键是要废掉宦官监军，若直接奏请废掉，等于承认此前皇帝都做错了，在制度上把那些宦官们都得罪了。怎么办呢？

当宋仁宗征求吕夷简的意见，要不要罢免宦官监军的制度时，吕夷简回答说：“不必罢免，只要选择为人谨慎、忠厚的宦官去担任监军就可以了。”

但宦官中谁为人谨慎而又忠厚呢？宋仁宗接着要吕夷简推荐。

吕夷简说：“按照常理，宰相不应当和宦官交往，我怎么知道谁是否贤良呢？这样吧，皇上您命令那些都知、押班，让他们推荐监军。如有不胜任其职务的，与监军共同治罪。”

都知、押班也是宦官，是宦官们的领班和头目，他们听说推荐别人做监军，出了事要一起治罪，想起了位居更高职务的都监黄德和大公公都被处斩，都不寒而栗，纷纷向宋仁宗求情，请求罢免宦官监军的差事。

吕夷简看到了问题的症结，很容易对症下药。看山是山，看水是水，是智；想到了产生的根源，看山不是山，看水不是水，是慧；找到了解决的办法，看山还是山，看水还是水，是谋。从中国传统文化来看“心贵智”，就是要看得透、想得清、行得通。

2. 大我境界

智谋的关键在于要看到别人看不到的征兆、细节，才能防患于未然。那怎么才能做到远比一般人耳聪、目明、心智呢？鬼谷子所说的，以天下之目视，无所不见，是遍视；以天下之耳闻，无所不闻，是广闻；以天下之心虑，无所不知，是全虑。这段话，讲了怎样的洞察世事的要诀呢？

一是要有“大我格局”。《大学》中，讲一个人由“小我”

走向“大我”要经过八个阶段，或者叫作八次超越。格物、致知、诚意、正心是“内圣”，即由智到慧的个人修炼；而修身、齐家、治国、平天下则是“外王”，是由自我走向社会、由立德走向立功的过程。是说一个人先要把自己修养好，然后把家族关系处理好，再能够把一个地区治理好，然后就可以来处理天下之事。

怎么做好天下之事呢？要有大我格局。

什么是大我格局呢？简单来讲，就是做人做事，不能光盯着自己的一亩三分地，而是要给他人多些关照，对社会多些贡献，对国家多些责任。大我的最高境界就是范仲淹所讲的“先天下之忧而忧，后天下之乐而乐”，这句话最初出自《孟子·梁惠王下》，原话是“乐以天下，忧以天下”，就是把天下人的喜怒哀乐装在自己心里，把天下人的吉凶祸福挂在心头，不只是斤斤计较于个人得失进退，汲汲算计于家族利益。

这样的事，说着容易，想着也容易，但真的要付诸实施，先要衡量自己的胸怀、境界、气度、修为、智谋能否达到。儒家说的是先扫一屋，再扫天下，要做多大的事，你得有多大的修为，这是从修身的角度来讲。道家则从做事的角度来讲，你有多大的修为，你就做多大的事。按照老子的说法：当一个人局限于自我时，看到的只是自己的得失；当一个人只思考家族之事时，看到的只是家族的恩恩怨怨；当一个人眼光局限在本乡本土，看到的不过是家长里短，乡土民情；当一个人目光只关注在一个辖区时，他不会在意周边区域的甘苦。当一个人胸怀天下时，他看到的便是历史的兴衰成败、当前的真实情形、未来的发展走向。

取法乎上，仅得乎中；取法乎中，便得乎下。有了博大的格局、开阔的境界，才会从更宽广的角度去思考问题，看待得失，才能把很多看起来复杂的问题弄清楚。

明正统初年，杨溥任内阁首辅，他的儿子从老家湖北到京城来看望自己。杨溥问他："你来京城，一路上听说哪些官员比较贤明？"

儿子回答说："我路过江陵，知县特别不懂事。"

杨溥就问："为什么这么说？"

儿子回答说："招待我很简单。"

杨溥一听就明白了怎么回事：这个知县没把自己的儿子当成宰相的儿子招待。回去一查，这个"不懂事"的官员是范理，就暗暗记下来。不久，德安府知府空缺，杨溥立刻推荐范理补任，范理妥善查处了楚王护卫强占耕地所引起的民怨沸腾。后来又升任南京工部右侍郎，不用朝廷拨款，不向百姓征税，将南京旧都修缮一新。因为官清正，处事有方，再被提拔为贵州左布政使。有人劝他写信谢谢杨溥的提拔，范理说："宰相是在为朝廷用人，我俩不是因为私交，何必致谢。"后来杨溥去世，范理祭拜痛哭，以此来告慰杨溥知遇之恩。这两个人的交往算是君子之交，成为上下级知人善任的典范。

在这个故事里，作为内阁首辅的杨溥是从官员操守的角度来思考问题，而他的儿子只是从自身的吃喝拉撒睡来评判官员优劣。杨溥能够从儿子的抱怨中看到一个正直、廉洁的官员，而不是从儿子、家族和自己面子的角度去对待范理。这与其说是他有宰相肚里能撑船的雅量，莫不如说他有清正宽和的大格局，使得他不斤斤计较于家族私利、个人荣辱。

二是要能做到天下归心，能够让天下人把自己看到的愿意来报告，把自己听到的愿意来诉说，把自己想到的愿意来提醒，这样天下人替自己观察、听闻、思考，这就是要做到用天下之目遍视、用天下之耳广闻、用天下之心全虑。

《淮南子》这本书是汉代淮南王刘安组织门客编撰的一本讲定国安邦手段的书，其中有一篇叫《主术》，讲国君应该具备的素养，其中专门讨论了“主明”问题：他说几乎所有的领导都希望自己能够看清一切、听到一切、掌握一切，要实现这个并不难，要做到两点：

第一，要看自己有没有胸怀。就是敢不敢面对现实，是闭着眼睛陶醉在属下描绘的太虚幻境中，还是睁开眼睛直面现实，不自我吹嘘，不回避矛盾。这不仅是勇敢的问题，更是胸襟的问题。其中提到，一个人只有心性淡泊，才能远离阿谀奉承；只有安宁清静，才不会好高骛远，才不会不切实际地冒进，才能保证可持续发展；只有宽广博大，才能容纳不同的意见，找到稳妥的解决方案；只有仁爱慈惠，心中才能时刻装着民众，不忘记做事的根本；只有公正严明，才能不偏不倚，就事情本身的是非曲直做出判断。

南宋名臣张焘在任成都知府时，一边委托属下了解情况，一边还要亲自深入民间去微服私访，以便掌握实情。同事问他为什么这么做，他说："彼有好恶，乱我聪明"，是说派去的人都有自己的爱好、憎恶，单凭他们做我的耳目，我就会看不明、听不清。因为人都有自己的看法，他们会找相同的主张来印证自己的见解，这自然容易偏听偏信。我亲自下去，询问君子就得到君子的看法，询问小人就了解小人的情况。虽然这中间还有些隐瞒的，但认真查访，还是能掌握个八九不离十。

我们知道，有时候想要做这件事，总能找到上千条理由证明这是合理的；要不想去做这件事，一条理由就能拒绝得干干净净。张焘一边让属下查访，一边亲自验证，他不是不放心属下的汇报，而是洞达人的心性，知道智者千虑必有一失，单听汇报是片面的，应该走到民间，没有隔阂地倾听百姓的呼声，才能够掌握实情，才能够对形势安危、政策得失做出准确的判断。

第二，要看会不会用人。用孔子的话来说，用人最关键的就是"举直错诸枉，能使枉者直"，大胆启用正直而刚毅、睿智而仁厚的人，便能立刻改变一个单位的风气。我们要想做成点儿事，就要尊重有德的人，让百姓公认的好人有好报，能平安，能被尊重，这样事业就能蒸蒸日上；不把精英排除在体制外，不把忧国忧民的人冷落在江湖，让有才干的人受到尊重，就能得到天下有才干者的拥护。如果能获得一个时代有德行、有才干者的拥护，做事就会像车轮子一样运转自如。

在失效的人事关系中，当政者往往是偏听偏信，相信了一个人或者几个人，以此观察天下，判断形势，就会一叶障目，不见泰山。弘治十五年（1502）后，明孝宗朱祐樘非常信任清正廉明的兵部尚书刘大夏，有空就找他谈治国大事，经常采用刘大夏的建议。有一次，明孝宗对刘大夏说："有些事我觉得无法决定时就想找你商量，但又想想不是兵部的事，就没找你。要是今后有可办可不办的事，你可标明密奏，不经过内阁直接送进来。"

刘大夏说："这我可不敢。"

孝宗说："为什么？"

刘大夏说："您忘记了成化年间的李孜省了吗？"

李孜省是成化年间的一个奸臣，他利用明宪宗喜欢方术的弱点，勾结宦官，故弄玄虚，赢得了明宪宗的信任。明宪宗特许他"密封奏请"，就是不经过朝廷讨论，不经过内阁审定，直接将自己的建议送过来。李孜省便利用灾异祥瑞之事推荐官员，一时间朝臣进退皆出自其密奏，他官至左通政，掌握内外章疏、敷奏、封驳之事，弄得朝廷乌烟瘴气。明孝宗即位后，才将李孜省治罪。

孝宗说："你是忠臣，怎么与结党营私的李孜省相提并论呢？"

刘大夏说："我要是有了这个密封奏事的权利，很多事就会这样去解决。但是国君做事，一定要光明正大，大的决策一定要由大臣们讨论，充分吸收大家的意见来评判是非。朝廷外的事由各部各司办理，要充分信任他们，不要重屋叠架，横生枝节。如果有什么事需要咨询，找负责的大臣就可以了。假如采用密封奏事制度，久而久之成为常制。万一有人窃取了这一职位，也采用这种办法遮蔽皇帝的耳目，祸患无穷。密封奏事是最不应该为后世效法的，所以我不敢做。”

明孝宗顿时明白了。

什么是高明？就是能够深谋远虑。什么是忠臣？就是考虑的不是自己的权力和恩宠，而是国家的长治久安。刘大夏说的有三个要点：一是决策过程要公开，通过程序正义，充分讨论，吸纳不同的意见，才能做到决策公允，而不是几个人拍脑瓜就定下来；二是既然各部司皆有执掌，他们最熟悉、最了解情况，那就要充分信任他们，而不要再设立一个机构去制约、监督他们，久而久之他们的工作重心不是做好本职工作，而是不被其他机关抓住把柄，国家行政资源的内耗就在于职责不清，相互制约，最后会变成相互扯皮，事没做成，人却都没责任；三是决策要服众，一定要相信参与者，作为国君，要尊重大臣，相信大臣，才能充分调动属下的积极性，而不是只相信一个人，喜欢了一棵歪脖树，忘记了整片森林。

鬼谷子所说的“主明”是告诉我们：无论是古代的国君还是现在的普通人，一旦在做事，那你就不是一个人，而是一个机构、一个团队。只要众望所归就不是一个人在战斗，在任何时期，有得力的助手，有无数的粉丝在支持，就能无往而不胜。那么如何获得“粉丝”的爱护？如何赢得天下的支持？这让他们知无不言，言无不尽呢？

四、以心兼听

我们在日常生活中总要听到各方面的意见和建议，要择善而从，才能做出合理的决策。那么听取建议、吸收意见的最高明的做法是什么呢？这些做法又该如何实施呢？

《鬼谷子·符言》第三条讲了“听之术”：

> “勿坚而拒之。”许之则防守，拒之则闭塞。高山仰之可极，深渊度之可测；神明之听术正静，其莫之极。
>
> 右主听。

这段话中的“听”，流传的《鬼谷子》版本写作“德”，东晋陶弘景作注时说“崇德之术”如何如何，其实这里应该是“听”，“听”的繁体字是“聽”。为什么这么说呢？

一是《管子·九守》明确说的是“听之术”，我们前面讲过，《管子·九守》与《鬼谷子·符言》的内容一致，字句稍有不同。

二是《六韬·文韬·大礼》中讲君臣如何相处时，文王明确问："主听如何?"姜太公回答了一段话，跟这段话字句基本一致。

三是在讨论治国理政的语境中，"听"，不是简单的"听到"，而是"听政"，即《周易·系辞》中所说的："圣人南面而听天下，向明而治。"听天下，是"治理天下"。主听，就是要采用什么样的做法来处理政事。

四是刘向《说苑·政理》记载了一个故事，说孔子的弟子宓子贱要去"单"这个地方做"宰"，向孔夫子告辞，孔子就给了他最后的教诲："毋迎而距也，毋望而许也。许之则失守，距之则闭塞。譬如高山深渊，仰之不可极，度之不可测也。"宓子贱顿时大悟，回答说："善！敢不承命乎。"孔子的说法，与《鬼谷子》《管子》《六韬》遥相呼应，可以看出鬼谷子这里讲的，正是如何处事。

1. 善听

《鬼谷子》提出了一个原则："勿坚而拒之。"坚，不动摇，不改变。就是处理事务不要抱着固执己见的态度，拒绝建议和意见。我们做事，需要倾听多方面的意见，才能寻找到最为恰当的解决办法。尤其是做决策，需要最大限度地吸收包括反对者、建议者、参与者的各种看法，才能做出最为妥当的方案。

我们知道，对于一个固执的人，起初还有人去劝一下，提个醒，当说了两遍不听，接触了几次还那样时，即便是亲人都不愿再说了，更何况同事和属下？这个“拒”是拒绝改变的意思。因而当一个人抱着不改变、不变通的态度时，基本就会成为孤家寡人，不仅事业不能发展，恐怕连个知己都没有。所以，鬼谷子告诫弟子：听取别人的意见和建议，不要摆出一副拒不改变的样子。为什么这么说呢？难道我们就不能有预设的立场吗？

这要从两方面看：一是个人必须持有开明的态度。在鬼谷子看来，“许之则防守，拒之则闭塞”。“防守”，《管子》《六韬》《说苑》都写作“失守”，意思是轻易答应就会失去主见，一味拒绝就会闭塞耳目。《鬼谷子》是教弟子去游说国君的，这样的修改可能性不大，应该是后世传抄的错误。这里的意思应该是：轻易答应，轻易许诺，就容易失去底线和原则。

二是一个成熟睿智的人，必须要坚持基本立场，有自己的判断，这样才能避免被他人轻易改变或者彻底改变。《尚书·大禹谟》中有一句话被视为治国听政的十六字心法：“人心惟危，道心惟微，惟精惟一，允执厥中。”大致意思是说，人心深不可测，而道则微妙无穷，只有聚精会神，以心观心，一心一意守住中正之道，才能窥得“道”的一角。

这是中国古代听政的经验总结，在一个社会，由于阶层不同、境遇不同，要求也不同，出发点不一样，对待一个问题的看法自然千差万别，那就要决策层认真听取不同的声音，设身处地地理解这些不同声音背后的期许、所代表的利益，不要被华美的表象所迷惑，不要被既得利益的鼓噪所蒙蔽。老子说：“信言不美，美言不信；善者不辩，辩者不善。”有些看似很有道理的论证，其实不过是为了壮胆去蒙蔽别人的；有些说法看似为了大家的利益，其实不过是扯虎皮做大旗，去谋取一己之私的东西。

在这十六字心法之后，《尚书·大禹谟》还说了两句很好理解的话：“无稽之言勿听，弗询之谋勿庸。”稽，就是考核、核查，没有经过核查的话不要去听信；询，就是询问、咨询，没有经过反复讨论的策略不要轻易使用。前一句话讲了如何去听，去听什么。听政需要核查。核查有两种，一是派人核查有无此事，二是根据常识、经验，边听边核查对方的话是真是假，是对是错，是中正是偏颇。

后一句话的意思是说，经过了这样的思考便有了基本的判断，就不会面对一个建议、听到一种说法就轻易表态，而是先虚心听取，认真对待，只有做到从善如流，大家才会源源不断地提供可资参考的意见，才有可能做到择善而从，有较多的决策选择。

问题是，有时候意见不一致怎么办呢？公说公有理，婆说婆有理，各方利益需求冲突很大，那如何处理呢？

2. 兼听

鬼谷子没有直说，《管子·明法解》提供了答案：“明主者，兼听独断。”兼听，就是要全面听取各方意见然后做出决策。董仲舒总结汉武帝的经验，说他“广览兼听，极群下之知，尽天下之美”。就是让属下充分发表意见，三个臭皮匠，顶个诸葛亮，决策就是要凝聚全天下最高明的智慧，选取最恰当的策略。后来唐太宗与魏徵讨论国君如何做到圣明，魏征总结说：“兼听则明，偏信则暗。”

作为国君，能够广泛听取意见就能明辨是非，如果只听取一方意见就会昏庸糊涂。魏徵举例说历史上高明的决策者，都是能够及时向民众了解情况，作恶之事可以及时掌握；耳听四面，眼观八方，再亲近的属下、再可信赖的机构都不能蒙蔽他。

那么，如何做到兼听呢？

齐桓公是春秋时期的霸主，九合诸侯，一匡天下。但不少人却不太清楚他的儿子齐威王，打败了横行天下的魏国，废掉了列祖列宗“称公”的传统，直接称“王”，而且还被大家承认。证明了“没有最牛，只有更牛”。

齐威王即位之初就是一个混混，朝廷大事全部交给大臣们，自己干吗呢？唱歌、弹琴、喝酒。周边的诸侯一看齐威王如此荒唐，于是接连进犯，齐国当然连吃败仗。

这时候出现了一个扭转齐国乾坤的人：邹忌。

邹忌自称是齐国最高明的琴师，就对侍臣说：“齐国史上最伟大的琴师前来拜见，愿为大王抚琴。”

齐威王一听：“好啊，请。”

邹忌进宫，先请齐威王弹。

一曲奏罢，邹忌连声称赞道：“好！高！妙！”

面对传说中的伟大琴师，情趣相投的齐威王问道："好在哪里？高在何处？妙在何方？"邹忌起身一拜说："大弦弹出来的声音十分庄重，就像一个明君；小弦的声音清晰明朗，就像一位贤相；大王的指法精湛熟练，各个音符和谐动听，该深沉的深沉，该舒展的舒展，变化灵活，而又协调有序，简直就像政令一样。琴声之美，令我叫好啊！"

听别人赞美是一件很舒服的事，看齐威王听得专心，邹忌接着说：

"我从大王弹琴的专心致志看到了大王治国也能专心致志。大弦如君，小弦如臣，君臣协调，该谁动谁动，该谁响谁响，这就是政令。弹琴真是与治国同理啊！"

齐威王说："先生说得不错，算是懂音；高明的琴师不能光说不练啊，弹一曲交流一下吧。"

邹忌离开琴位，摆出弹琴的样子，却没有去弹。

齐威王一看按剑大发雷霆："有琴不弹，你摆什么造型啊，我杀了你！"

邹忌这才直身答道："琴师以弹琴为职业，要专心研究琴法。大王您的职责是治理国家，为什么要同我研究琴法呢？我抚琴不弹，摆个空架子，您就恼怒，说我不务正业，大王您呢？咱齐国都这个样子了，您还在那里吹拉弹唱，吃喝玩乐，老百姓望眼欲穿，您不怕他们恼怒吗？这个道理想必大王一定比我明白。"

齐威王一听，愣了一会儿说："说得好！"

要是邹忌没有见证齐威王转变这个奇迹，就没有后来跌宕起伏的故事了。邹忌从齐威王最喜欢的弹琴入手，讲了各司其职的重要性，使得齐威王幡然醒悟，开始与邹忌讨论治国称霸的大业。

故事到这里已经告诉了我们“听之术”的第一个要领：倾听。对于听从者来说，要让对方把话说完，不仅要听他讲得有无道理，而且要听清楚人家讲的是什么意思。说得合情合理，那就要接受，立刻改变。对于游说者来说，要想让对方听进去，那就要先从对方感兴趣的话题入手，步步深入，引人入胜，只有对方认真倾听，才能接受你的意见。

接着，邹忌给齐威王出了第二个主意：兼听。

一天早晨，邹忌着装时照镜子，随口问妻子：“我同城北的徐公，谁更帅？”

妻子说：“当然是您了，徐公怎能跟您比？”

城北徐公是齐国著名的美男子，虽然邹忌身高八尺，但他不相信会比徐公更高更帅，就问小妾：“我同徐公比，谁更帅？”

妾说：“他怎么能比得上您？”

第二天，有个客人来拜访，邹忌闲聊时问他：“我与徐公比，谁更帅？”

客人说：“徐公不如您。”

真是想到曹操，曹操就到。过了一天，徐公居然来拜访邹忌，邹忌终于见到了传说中的徐公，立刻觉得自己比不上徐公；

再照镜子仔细观察，发现远远不如徐公。

邹忌真是有心人，晚上就反思这件事："妻子觉得我帅，是爱我；妾说我帅，是讨好我；客人说我帅，是有求于我，都是想让我高兴。三人成虎，要不是我见了徐公，我还以为他们说的都是真的呢。"

天一亮，邹忌立刻去拜见齐威王，跟齐威王谈论这件事："我不如徐公又高又帅。可是妻子偏爱我，小妾讨好我，客人有求于我，他们都说我比徐公漂亮。现在咱们齐国有方圆千里的领土，有一百二十座城池，宫中的妃子、身边的侍臣没有谁不偏爱您，朝廷上的大臣没有谁不害怕您，全国没有谁不有求于您：由小见大，大王您也受很深的蒙蔽啊！"

齐威王一听就知道什么意思了："说得有道理！"立刻下命令："各级官吏、全国百姓，能够当面指责我的过失的，受上等奖赏；用书面劝谏的，受中等奖赏；能够公开议论我的过失，让我知道的，受下等奖赏。"

这开门纳谏的命令一下达，官员百姓都来提意见，最初宫廷里等着提建议的人像集市一样拥挤，几个月后，偶尔还有人来建议，一年以后，就是想提意见也没话说了。

齐威王这就是兼听，众口铄金，大家的眼睛是雪亮的，如果大家都能畅所欲言，就没有人敢胡说，没有人敢瞎说，各级官员也不敢胡作非为、为所欲为，顿时，齐威王就做到了"以天下之目视，以天下之耳听，以天下之智虑"。

燕、赵、韩、魏这几个诸侯国一听说齐威王这么做，觉得齐国很快就能振兴起来，不仅停下了对齐国的战争准备，而且纷纷派使者朝见齐王，因为单凭广开言论，善于用贤，齐威王就在内政上战胜了他们。

3. 心听

鬼谷子说："高山仰之可极，深渊度之可测；神明之听术，正静其莫之极欤。"意思是说再高的山也有峰，再深的渊也有底，真正英明神武的管理者采用"正静"的态度对待意见和建议，那就深不可测了。"正"和"静"是前面提到的"主位"的要求，那么究竟该如何操作呢？齐威王是如何在不动声色中判断出意见的对错呢？当时官员对即墨大夫和阿地大夫的看法存在两极化的评论，再问近臣，都说阿地大夫是德才兼备的好领导，即墨大夫不仅一般，好像还有不少问题。齐威王专门派人去实地调查后，便把两个大夫召回朝廷。

齐威王先对即墨大夫说："自从你到即墨任官几乎每天都能听到指责你的话。我派人去即墨察看，发现田地整齐，百姓丰足，官府清静无事，这个地区十分安定。为什么还有人指责你？是你不巴结我的左右内臣，不来跑官，不去宣传，没人替你说好话。"说完，便赐即墨大夫享用一万户的俸禄。

接着他又召见阿地大夫说："自从你到阿地镇守，我每天都听到称赞你的好话。但我派人前去阿地察看，田地荒芜，百姓贫困；当初赵国攻打临近的鄄地你不去救，卫国夺取旁边的薛陵你装作不知道。为什么还有人替你说好话？是你用重金买通我的左右来这里替你宣传！”

说完，他便下令将那些收受贿赂的左右近臣和阿地大夫处死，吓得大臣们毛骨悚然。从此大家知道了齐威王不仅能兼听不同的意见，而且还调查取证实地考核，都不敢再胡说瞎说了。踏实工作的，造福百姓的，即使不跑官不要官也会受到重用；弄虚作假祸害一方的，拉拢关系跑官要官的，连同帮忙的、帮闲的一起惩处，齐国官场风气焕然一新，大家都转而开始做正事了。

如何才能做到在众多意见中择善而从，如何才能达到鬼谷子所说的“正静”呢？这要达到听政的最好境界：心听。为什么古人总是在推崇“心听”呢？心听是什么样的境界呢？

老子说：“听之不足闻。”（《道德经》第三十五章）真正的道是听不到的，听到的不一定是真。我们常说耳听为虚，眼见为实，庄子更绝，直接说：“听之不闻其声，视之不见其形。”听到的看到的都不一定是真的。这我们都有体会，自然界有海市蜃楼，人类有魔术幻象。所以古人认为听和看的最高境界是“望之不见其象，听之不闻其声”，从无字句处读书，从无声处听音，才是真正的看清听懂。

不见形象的看、没有声音的听，这不是故弄玄虚吗？这不是视而不见，听而不闻，而是要去其糟粕。比如看人，能看出高富帅、白富美，是表象；而看出人的德行和本质，这才是那传说中明亮而闪烁的大眼睛。所有的潜力股最初都是埋在垃圾股之中的，关键是自己有没有发现的眼光。

最高明的听话的方式，庄子是这么总结的：“无听之以耳而听之以心；无听之以心而听之以气。听止于耳，心止于符。”即听别人讲话要摒除杂念，专一心思，不光用耳去听，更要用心去领悟；不光用心去领悟，还要用空灵安详的心境去感应。耳的功用仅在于聆听，而心的功用是去判断事物的真相。庄子说的“无听之以耳”就是鬼谷子所说的“勿坚而拒之”，对待一个提意见、提建议的人，不仅要听他在说什么，还要想他说的是什么意思。在听的过程中，既不轻易赞成，也不轻易拒绝，一要认真思考他说得对错、虚实，这就是“听之以心”；二要设身处地想他为什么这么说，然后去查证、去分析、去总结、去决策，按照事情本身的是非曲直去做出判断，这就是“听之以气”，有了这些再决定自己该如何做。

有了虚静的心态就能倾听，有了开放的态度就能兼听，有了中正的标准就能心听。这样广泛听取意见，集中大家的智慧，就能够不被蒙蔽，集思广益，这样做出的决策才能够顺利执行。

那么，如何提高执行力呢？

五、赏信刑正

《鬼谷子·符言》的前三条，分别从个人修为、事业格局、基本心态三方面讲了一个人如何通过涵养自我让自己更加睿智；如何开阔心胸让自己更加高远；如何长于兼听让自己更加具有鉴别力。这三条不仅是一个普通人安身立命的基本素养，也是一个希望成就事业者的必备条件。那么做到了这些心智上的成熟之后，如何才能在一个团队中发挥越来越重要的作用呢，如何才能将个人修为转化为执行力呢，如何才能服众呢？

《符言》的第四条说：

> 用赏贵信，用刑贵正。赏赐贵信，必验耳目之所闻见，其所不见闻者，莫不暗化矣。诚畅于天下神明，而况奸者干君。右主赏。

赏，是赏识、是激励、是提拔，这一条讲的是如何用人的问题。赏、刑，学术一点讲就是刑德并用；通俗一点讲就是赏罚分明；更通俗一点讲，就是“胡萝卜加大棒”。按照西方民间故事的说法：要使驴子前进，就在它前面放一个胡萝卜，好事在前头，鼓励它前行；或者用一根棒子在后面赶它，严重后果在后头，驱使它前行。胡萝卜的甜美和棍棒的疼痛，自然会促成驴子沿着既定方向前行。这样便形成了所谓的激励机制。

《鬼谷子》提到了两个关键词：赏信、刑正，还提到了一个条件：验证。那么，什么是赏信，什么是刑正，如何做到赏信、刑正呢？又该如何验证呢？

1. 赏信才能服众

刑赏，是古代治国经验的总结。孔子曾言："道之以政，齐之以刑。"主张先教化百姓，然后再去惩罚，不能不教而诛，也就是不能平时不教育，发生了问题才去惩罚。这种观念就像我们教育孩子，有时候孩子犯了错，家长和老师要首先反省自己：是因为自己曾经教过他如何做，他还明知故犯，还是他不知道会有这样的后果，无心之过，或者想做好某件事，适得其反才犯了错误？如果是明知故犯，那就要严惩。如果是好心办错事，那就要谅解。孔子所反对的不教而诛，正是平时不教育孩子，或者不教育属下，等到他们犯了错误才想起来去惩罚，这等于是自己挖坑让别人往里面跳，是害孩子的行为。但如果该说的都说了，该提醒的都提醒了，还是一如既往犯错误，那就用刑罚来惩治；而如果遵守规则，那显然就会得到各种各样的赏赐。赏，不仅仅是带朵小红花、颁个荣誉奖状、发点儿奖金之类的小事，而是激励机制、用人机制、管理机制的体现。

“赏”，首先是一种激励机制。“赏”字的本义就是奖赏。《说文解字》中说：“赏，赐有功也。”就是赐给有功的人财物、称号或者爵禄。上一讲中提到过齐威王要全国臣民提意见，便有上赏、中赏、下赏之分。古人认为，赏赐是“上报下之功也”，即处于上位的人对属下辛苦工作的回报。俗话说：“重赏之下必有勇夫。”当年商鞅入秦变法要推行新政，担心秦国百姓不相信朝廷会依法办事，便采用“徙木立信”的做法，以表明秦国说话算话。商鞅派人在城中立了一根木柱子，并向全国发布命令：如果谁能徒手将此木搬到城门口，便赏赐十金。

在当时，十金相当于一户人家的家产，用现在的资产来衡量，就是奖赏一套房子。这条号令一颁布出去，秦国百姓谁都不敢相信：因为无缘无故的实惠可能是受骗的开始。商鞅一看老百姓都在犹豫，于是又追加了五倍奖励，相当于现在的五套房子。后来有个人抱着试试看的态度将木柱扛到了城门口，果然领到了丰厚的赏赐。

这件事要是放到现在，不说是新闻头条，至少也是当天的热门话题。老百姓们一看，天上掉馅饼的事，不仅有，而且还真实发生了。这样一来，他们便认定了朝廷颁布的新命令一定会执行；若是遵照法令也一定会有意想不到的收获。由此商鞅的变法便一下子为秦国的老百姓所信从了。

其实，秦国最初只是周朝的一个边境小国，国力较弱。商鞅变法的目的是为了让秦国迅速强大。具体说来，商鞅是怎么做的呢？那便是推行军功爵制。

军功爵制的意义是用奖赏来鼓舞士气不断在社会上形成正能量。周朝推行的是贵族共和制，即拥有爵位的贵族垄断了全部的社会资源，从土地到财富，再到职务，再到教育，庶民几乎没有任何机会。商鞅变法便是要打破这种阶层壁垒，给下层百姓以新机会、新出路，促进社会阶层的有序流动，从而激发生产活力，凝聚有识之士参与秦国的建设。

军功爵制的核心，是不论出身门第，凡立军功者，皆可以享受爵禄。军功是逐渐累积起来的，按照时人的说法，秦制爵二十等，乃根据作战获取的首级数量计爵，一旦有了爵位就有了封地、封户的权利。这便是在鼓励秦人勇于开战、善于作战、愿意参战，在战争中发家致富。有些士卒一场战役打下来计功赏至万数；平时种地，辛辛苦苦做一辈子却顶不上打一场仗获得的赏赐多。在如此的对比、如此的激励下，秦军的战斗力迅速提高。

军功爵制是通过发放奖金、提升待遇、提高职务等方式，鼓励百姓做事。这样一来便形成了一种风气，那就是有才能的人在本国怀才不遇，自然愿意到秦国一试身手。后来的张仪、范雎、李斯、韩非等人，有的是怀才不遇，入秦才找到工作；有的是秦国一看是个人才，干脆想办法挖过来使用。人不求我产，但求我用，可以说，正是这种“不拘一格用人才”的激励机制，使得秦国在战国诸雄中迅速崛起，很快便灭了明知应该变法，却不愿坚持改革的六国贵族。

古今中外，国家的竞争，单位的竞争，归根结底是人才的竞争。平时我们都会说：21 世纪什么最宝贵——人才。古人有一句话：千里马常有而伯乐不常有。既然发现一个人是人才，那就要毫不动摇地给他信任，帮他成长，而不是宁肯让单位黄掉也不让外来人碰自己的饭碗。抱着这样饭碗的单位和组织，最终不仅守不住自己的饭碗，而且会用饭碗养出一堆饭桶。

人才能够为我所用，只有三种可能：一是感情投资。感情投资不是吃吃喝喝，花言巧语，这些久而久之会显得苍白无力，显得虚伪。对真正的人才而言，最深厚的感情是基于道义上的信任。

二是待遇。就是用丰厚的收入、称号来吸引人才，这可以立刻奏效，但却不能长久。因为真正的千里马需要的是疆场而不是华美的马棚。换句话说，物质条件留下的人只能是二流人才，一流的人才必然能够解决自身的生活问题。

三是事业留人。既然是千里马，那就给你千里疆场；既然是人才，就给予足够宽广的平台，让他实现建功立业的抱负，把自己的潜力发挥到极致，成就了他的事业，也就成就了单位的事业。所以说，赏信，除了奖励要信守诺言，还要充分给予他人以信任。

“赏”，其次是一种用人机制。“赏”还有一个含义，是赏识，即学会赏识别人。如果接着刚才所说的选用人才的话那就是要通过欣赏别人的优点来让每一个人都成为人才。或者是发现人才能够引进，或者是看到人才能够重用，或者是没有人才学着培养，只有这样，一个单位才能迅速进入良性循环的发展轨道。

燕昭王“千金买马骨”的故事便是将“赏”从激励机制变成了用人机制。

燕昭王即位后，下决心复兴燕国。对于任何一个想做事的单位来说缺的从来都不是钱，而是人才。可是燕国要振兴，一时间去哪里找人才呢？燕昭王便找大臣郭隗商量。郭隗说：“国君对待人才有四种态度：把人才当老师的，能成就帝业；把人才当朋友的，能称王；把人才当座上宾的，能称伯（做个诸侯）；把人才当成家奴的，能亡国。关键看大王您采用哪种态度。”

燕昭王说：“我想跟着人才学习，可是没有老师啊。”

于是郭隗讲了一个故事：

从前有一个富人特别喜欢千里马，于是便派一个能干的仆人带上重金去外地购买。过了很久，仆人回来了。

富人问：千里马呢？

仆人回答说：在袋子里。

富人打开一看，原来是一堆马骨头。

仆人说：我没有找到千里马，但找到了一副千里马的骨头。

富人大怒：你这是玩我呢。

仆人说：您喜欢千里马，不惜花重金买了一副千里马的骨头。若这消息传出去，全天下的人都知道您喜欢千里马，自然会有人推荐千里马给您。

不久，果然有很多人告诉了富人哪里有千里马，哪里的千里马好的消息。于是，富人很快便得到了好几匹千里马。

讲完这个故事，郭隗接着说："现在燕国缺人才，就像富人缺少千里马一样。我郭隗不才，愿意给燕国做这堆马骨头。"

燕昭王大喜，立刻筑起黄金台，拜郭隗为相，当作老师一样敬重。

消息一传出去，大家知道了燕昭王求贤若渴，连郭隗这样的百里马都当作千里马使用，于是乎，有才能的人便对燕国充满向往，没才能的也跃跃欲试。很快，在三年之间，燕昭王便招纳了一批人才，如苏秦、乐毅、邹衍、剧辛等纷纷赶到燕国。燕昭王立刻予以重用，燕国迅速强大，差点儿一口气灭掉了强大的齐国。

战国时期，诸侯之间科技水平都差不多，国与国之间的较量归根结底是人才的较量，谁拥有的人才多，谁就有可能成就霸业；谁流失的人才多，谁就可能日渐没落。因此，选对一个人，激励一大片；用错一个人，挫伤一大片。而漏用一个人，有时就会造成无穷后患。

北宋和西夏对峙的时候，有两个男子参加科举考试不中，觉得自己怀才不遇，便写好文章想去求见镇守边境的韩琦和范仲淹，希望能有机会谋得一官半职。他们想毛遂自荐，又不好意思，脑子一转想了个办法，将自己最好的诗刻在石碑上，让人拉到将军府门口。

韩琦和范仲淹两人听属下一汇报，觉得这二人形迹可疑，不予任用。

这两个人等了很久也没有消息，找不到工作，跑到西夏分别化名为张元、李昊，继续写诗言志。当时的西夏国王李元昊听人一汇报觉得很奇怪，召见了他们。由于二人生长于北宋，又曾在边关徘徊，对宋军作战方略、宋营虚实很熟悉，立刻给李元昊出了不少有用的主意，成为西夏国的谋士，增加了西夏的实力，同时造成了对北宋的不利局面。

与此相似的还有一则故事，说秦桧当权时遇到一个读书人伪造他的书信，拿去见扬州太守。太守一看马上发现信是假的，将此人押回交由秦桧发落。秦桧问明缘由，反而给了他一个小官去做。别人就问秦桧怎么回事。秦桧说："这人有胆量伪造我的信，什么事不敢做？如果不用一个小职务约束住他，他要是投靠北方的敌人，那对我们的祸患就大了。"

我们且不论范仲淹、秦桧的人品如何，单从这两件事的对比上来看，显然作为宰相的秦桧考虑得更加周全，那就是国家在用人之际，敌国又虎视眈眈，绝对不能轻易地放虎归山，成为后患。

所以，从用人机制上来说，发现人才是要学会赏识，使用人才是要学会信任。能够准确发现人才、能够正确使用人才，小而言之，可以让一个单位蒸蒸日上；大而言之，可以让一个国家走向繁荣富强。

2. 刑正才能服国

刑，是惩处。对个人来讲，如果违反了规则，犯了罪，就要受到相应的惩罚；对国家来讲，则是违法必究、执法必严。但值得注意的是，其聚焦点不在于刑严，而在于刑正。

刑严，是司法审判与执行的问题；刑正，是立法精神、政治伦理的问题。这个“正”，与《符言》第一条“安徐正静”的“正”遥相呼应，是立身端正、处事公正。换句话说，“刑正”之“正”，指的是衡量一个国家的刑罚，是用于维持正义，还是用于徇私枉法。

为了更好地说明这个问题，我们先讲一个故事：

北宋时，西夏将领李继迁在边境上骚扰。有一次，保安军上奏朝廷说捕获了李继迁的母亲。起初，宋太宗很想杀了李继迁的母亲。吕端知道了，询问曾经与宋太宗商量过此事的寇准说：“皇上打算怎么处置她?”寇准说：“想在保安军北门外处斩，以警戒造反的乱党。”吕端马上说：“这不是个好办法。”随后，吕端入宫禀奏宋太宗说：

“从前项羽想烹煮刘邦的父亲刘太公，刘邦还扬言想分尝一杯羹呢！做大事的人不会顾忌亲人，更何况李继迁那种叛逆的人。陛下今日杀了他的母亲，明日就可以擒到李继迁吗？如果不能，则不过是出出气罢了，徒然结下仇怨，更坚定他叛逆的决心。”

宋太宗说：“不这样做，那该怎么办?”

吕端说：“以微臣的愚见，应把她安置在延州，派人好好服侍她，以招引李继迁来。即使他不立即投降，也可以牵系着他的心。再说，他母亲的生死权还操在我们手里。”

宋太宗高兴地说：“没有你，我几乎误了大事。”说罢便下令放了李母，善加款待。后来李母病死在延州，而李继迁则在1004年攻打吐蕃的时候中箭身亡，他的儿子继位后便对北宋纳款称臣，归顺宋朝。

因古代有火族之罪，此事按照律条是可以将李继迁的母亲处死的。但吕端大事不糊涂，认为杀了李继迁的母亲对北宋来说只不过是出了一口恶气，会痛快几天，但长远来看，却会坚定李继迁与北宋对抗的决心，让李家世代与北宋为敌。吕端主张善待李母，才解决了刑罚不能解决的问题。

从《鬼谷子》一书的主导思想来看，“刑正”不是严刑峻法，而是强调一个国家的刑罚要合理得当，不徇私枉法。我们知道，刑罚、法令是治国的手段，却不是治国的目的。古代治国讲究刑德并重，这里的刑，是法律、制度，是通过强制力量去维护社会秩序，而德是道德、规范，是通过教育的力量改变社会风气。中国传统文化强调德主刑辅，所谓的德，是通过提高社会成员的个人修为、道德品质、行为习惯，养成温文尔雅、遵礼守法的君子。而对于作奸犯科及伪忠善者，再交给有关部门处理。

那么刑罚的标准是什么呢?

《尚书·康诰》中说了一个词“义刑义杀”。一种说法是“义，宜也”，即选取可以适用于当前的旧有的法典继续使用；另一种说法是“刑罪相报”。这两种说法分别是从立法和司法的角度来说的。

关键问题是，什么是“义”呢?

《逸周书·太子晋》中有这样一段话:

> 如文王者，其大道仁，其小道惠。三分天下而有其二，敬人无方服事于商既有其众而返失其身，此之谓仁。如武王者义，杀一人而以利天下，异姓同姓各得其所，是之谓仪。

仁，是仁爱，是关心别人、体贴别人、尊重别人，是发自内心的情感；而义，是责任，是自我的行为约束、彼此的人格尊重，是对社会的共同原则的遵守。文王爱护百姓，是出于仁爱之心；而武王率领民众诛杀殷纣王，则将百姓从苦难中解救出来，是出于对历史的责任。

我们把“义”作为衡量刑罚尺度的一个标准，即从司法的角度衡量指定的法律必须遵守；从治国的角度衡量，对其进行调整和修订，必须以维护国家大义、社会正义为要求，以符合百姓的文化认知为导向，实现合情、合理与合法相统一。

3．赏小罚大

《鬼谷子》赏信刑正的说法对我们有何启示呢？如何才能做到刑赏合理呢？

一是"赏不避微，罚必就大"。《六韬·龙韬·将威》据兵法的管理经验总结：

> 将以诛大为威，以赏小为明，以罚审为禁止而令行。故杀一人而三军震者，杀之。赏一人而万人悦者，赏之。杀贵大，赏贵小。杀其当路贵重之臣，是刑上极也。赏及牛竖、马洗、厩养之徒，是赏下通也。刑上极，赏下通，是将威之所行也。

通俗来讲就是赏小罚大。"以诛大为威"，要敢于惩罚那些权贵，抓一只老虎，要比打死几千只苍蝇所产生的社会影响大得多；"以赏小为明"，要奖赏那些地位低下的职员，这样很容易起到示范作用，他做到的我也能做到，使得奖励不仅仅是一个简单的物质问题，而变成了一种运作机制。"刑上极""赏下通"，赏罚不是目的，是为了达成令行禁止的手段，是为了鼓舞将士的斗志，因而要抓住关键人物进行处罚，抓住具体事件进行表彰。

齐景公即位后，好玩、会玩、能玩，国君玩，花的都是百姓的钱。钱不够就增税，以致民不聊生、众怨沸腾。晋国一看，碰上这么个糊涂主子，正是浑水摸鱼的好机会，便派兵进攻阿、甄两地。燕国一看，那咱们也顺手牵羊一把，派兵南侵河上地区。

结果一时间齐国内忧民怨，外遭敌患。

齐景公急了，怎么办呢？问晏婴，晏婴推荐了穰苴。

齐景公一看平时陪自己玩的都是些酒囊饭袋，遇到危险都跑得远远的，只好任命穰苴为将军率兵去抵御燕、晋之师。可穰苴却向齐景公说，自己平素卑贱，骤然间被提拔为将军，担心“士卒未附，百姓不信，人微权轻”，也就是说，怕调不动军队，希望齐景公派一名贵臣做监军。于是齐景公委派了宠臣庄贾。

穰苴便与庄贾约定：明日中午在军门集合出师。

第二天，穰苴来到军中，立木表，设漏壶，专候庄贾。

庄贾平日骄纵，现既任为监军，亲戚左右欢送，留他宴饮，迟至日暮，他才姗姗来到军中。穰苴责问他迟到的原因，他说因为有大夫亲戚相送，情谊深厚，不禁多喝了几杯，耽误了部队的开拔。

穰苴说：“将受命之日则忘其家，临阵约束则忘其亲，援枹鼓之急则忘其身。今敌国深侵，邦内骚动，士卒暴露于境，君寝不安席，食不甘味，百姓之命皆悬于君，何谓相送乎？”意思就是说，将领从接受任命之日就不顾家庭，从亲临军营申明号令就不顾亲戚，从拿起鼓槌指挥作战就不顾个人安危。现在敌国深入我地，举国骚动，士兵暴露于境内，国君睡不安稳，食不香甜，百姓之命皆系于您一身，还谈得上什么相送呢！随即他就问军正，也就是军法官，按照齐国军法，这事该如何处理？

属下汇报：“依军法当斩。”

庄贾一下子就蒙了，赶紧示意属下驰报齐景公。

使者前脚刚走，庄贾便人头落地。

顿时，齐军都害怕了，原来将军谁也不怕啊！我们还是老老实实、认认真真遵守纪律吧。待到齐景公使者持节来救庄贾，驾车驰入军中，一切都晚了。

穰苴一脸坦然："将在外，君命有所不受。"随后问军正：随便驰入军中犯什么罪？

军正说："当斩！"

使者一听就瘫倒了。

穰苴说："国君的使者不可以杀，斩了车夫，砍去车左边的立木，杀了最左边的那匹马，向三军宣示。"并派人向齐景公报告处罚结果。

赵国、燕国部队一听，齐国的新将军这么丁，那齐国的军队岂不是让前进就前进、让后退就后退？本来打算浑水摸鱼一把，既然水清了，那我们还是退兵吧。

不仅如此，穰苴罚大的同时还能够赏小。他在军中亲自过问士卒的生活、饮食、住宿条件，照顾生病者，与士卒同甘共苦，深受士卒欢迎。不久，穰苴便指挥部队追击敌兵顺利地收复了失地。回国后，受到齐景公重用，任大司马之职，故后人谓司马氏，称他为"司马穰苴"。

二是赏不逾时，罚不迁列，让部属随时随地都能看到刑赏的利害。《司马法》提出"罚不迁列"，实施惩罚要就地执行，也就是我们现在所说的就地免职、就地正法。司马穰苴杀庄贾正是如此。刑罚不但要严明，而且要果断、及时，只有这样才能收到惩一儆百、及时教育部众的作用。同样，奖赏也要恰逢其时，要及时召开庆功会、表彰大会，对有功人员进行表彰，从而激发大家的工作热情。能重奖、敢严惩，方可法令如山。奖罚如果滞后，就会令士卒懈怠；同样，奖罚如果过滥，就会削弱奖罚的威信。

三是赏不避仇，罚不私亲。王子犯法与庶民同罪。因而对罪责深重者必严加惩处，不能文过饰非，不能避重就轻，否则会紊乱军纪，涣散军心。作为将领，对部属不能有所偏爱偏私，而应一视同仁，视每一个兵士皆同手足，便有威有信。

诸葛亮能够成为一代名相，他的属下辅汉将军、丞相长史张裔就总结说："公赏不遗远，罚不阿近，爵不以无功取，刑不可以势贵免。此贤愚之所以皆忘其身也。"赏，是用来鼓励的，奖对一个人可以鼓励一大片；罚，是用来警戒的，罚对一个人可以教育一大片。赏从小做起，可以调动所有人的积极性；罚从大做起，可以避免所有人的侥幸心。可以说，成功的经验都是相似的，失败却各有各的不同。诸葛亮之所以能够引领蜀国大军，让属下同心协力、奋不顾身，正在于他做到了"赏信刑正"。

《鬼谷子·符言》将"赏信刑正"视为衡量一个组织是否有执行力、是否有发展力的标准，在于通过赏和罚来看这个组织是否在正循环中运行。所谓正循环就是最认真努力工作的人，能得到好报。奖赏、鼓励、提拔做事的人、成事的人，组织就能不断发展壮大。反之，若那些乌七八糟的人不仅不销声匿迹，反而兴风作浪，宁肯单位黄掉，也不愿让做事的人出头，久而久之，便形成逆淘汰，最后一损俱损。

前面说过，《鬼谷子·符言》是教弟子们如何看透所要投奔的单位，我们可以以此作为参考来审视自己如何才能看得更清，如何才能做得更好。那么，就要学会审问，就是对有疑虑的地方，要多咨询、多审问、多考察。

如何去问呢？

六、问倒为止

上一讲，我们讲到了一个组织若想处于正循环中，就要明确奖赏什么人、惩罚什么人；要明白该做什么事，该反对什么事。因为有正气、有正见才能做正事，组织才能不断积聚正能量。那么，对于一个陌生的环境、一个陌生的人，怎样才能迅速地了解实际情况呢？自己看到的都会是真的吗？《中庸》中讲的“博学之，审问之，慎思之，明辨之，笃行之”，“审问”是如何让一个人能够透过表象，直抵事物本质的呢？而《鬼谷子·符言》又是如何来讨论“主问”的呢?

> 一曰天之,二曰地之,三曰人之。四方、上下、左右、前后,荧惑之处安在?右主问。

这句话猛一看貌似很简单,不就是问天地四方吗?其实,里面的道理很深奥。要不各位可以试着回答一下:什么是天?什么是地?什么是人?答案肯定不同,而高明正在这不同的答案之中。这种提问越是简单,越不好回答,因为大家整天都在面对,却从来都没有找到统一的答案。

《鬼谷子》这句话包含两层意思:

一是要会问,发现问题才能解决问题,发现矛盾才能解决矛盾。大家都知道,这事做得不顺,一定有问题,关键是问题在哪里?所以说,如果能提出问题,有时候事情就解决了一大半。

二是要会答,既然找到了问题,那就来解决。是杀敌一千,自损八百呢?还是四两拨千斤,兵不血刃,大获全胜呢?这就要看能否找到最佳的答案。

1. 问对是一种交流

在鬼谷子看来,口是心灵的门窗,心是精神的主宰。人的志向意愿、爱好欲望、思维活动、智慧计谋等等,都要由口这个门户来表达。也就是说,人要开启闭合来把守这个关口,来控制语言的出入。我们知道,有一个词叫“谈吐”,是说一个人一开口谈话,他的知识是否广博、思路是否缜密、教养是否良好,基本就能完全显露出来。所以，自古以来的考试，大都是问答题；面试更是采用问对的方式，目的是通过询问、提问、设问、反问等，来初步了解一个人。

当时，鬼谷子的弟子们不仅要到各国找工作，而且还要游说各国君主。这就要求他们有极强的问对能力，一方面要能够对答如流地回答对方的提问，另一方面也要能提出问题，去考核别人。

那有的朋友可能就会问了，《鬼谷子》所说的“天之，地之，人之”，是真的问这些吗？问这样的问题，没毛病吗？

还真的没毛病。古时候奇人都是这么说话，也是这么思考问题的。比如说，《庄子·天下》就赞美当时楚国的一个奇人：“南方有倚人焉，曰黄缭，问天地所以不坠不陷，风雨雷霆之故，惠施不辞而应，不虑而对，遍为万物说。”说南方有个奇异的人名黄缭，向惠施询问天为什么不会坠落、地为什么不会塌陷，询问风雨雷霆形成的原因。惠施一点儿也不谦逊，不假思索地就做出答复，广泛阐述事物的规律与原理。

当然，奇人黄缭与惠施可以坐而论道，那现实生活中还有人这么干吗？

当然有。

齐景公问晏子就是这么问的。据《晏子春秋·外篇》记载说：

景公问晏子曰：“天下有极大物乎？”

晏子对曰："有。北溟有鹏，足游浮云，背凌苍天，尾偃天间，跃啄北海，颈尾咳于天地，然而漻漻不知六翮之所在。"

公曰："天下有极细者乎？"

晏子对曰："有。东海有虫，巢于虻睫，再乳再飞，而虻不为惊。臣婴不知其名，而东海渔者命曰焦冥。"

问天有多大？天有多细？这架势简直就是高智商测试，要比脑筋急转弯难多了。可以看出，一个人的见识、学养、思辨和机智全在里头。所以我们有时候不要认为周围没有牛人、神人，那是因为我们没有发现他们的眼光。

这类问对，看似是很多无关的问题，其实是一个人才学的全部展示。古代的使者出使别的国家，常常面临这类考核。举例说，吴国使者张温出使蜀国时，就曾和蜀国学者秦宓有一个类似的对答：

张温问："天有头乎？"

秦宓说："有啊。"

张温问："在何方也？"

秦宓说："在西方。《诗经·大雅·皇矣》中不是有这么一句：'乃眷西顾。'以此推之，头在西方。"

张温问："天有耳乎？"

秦宓说："天处高而听卑，《诗经·小雅·鹤鸣》还有这么一句：'鹤鸣于九皋，声闻于天。'若其无耳，何以听之？"

张温问“天有足乎？”

秦宓说：“有。《诗经·小雅·白华》中还说：‘天步艰难，之子不犹。’若其无足，何以步之？”

张温问：“天有姓乎？”

秦宓说：“有。”

张温问：“何姓？”

秦宓说：“姓刘。”

张温问：“何以知之？”

秦宓说：“天子姓刘，故以此知之。”

张温问：“日生于东乎？”

秦宓说：“虽生于东而没于西。”

答问如响，应声而出，于是温大敬服。

既然要了解一个人，那就先问些看似无关的问题，以此来确定对方的基本素养。越是无关现实的问题，越需要平素的学术积累；越是简单的问题，越能看出一个人思考问题的深度。《鬼谷子》主问的第一层意思就是通过提出对方没有准备、无法准备的问题来考察他的学养、思路和机智。

2. 问疑是一种思考

《鬼谷子》说的天之、地之、人之，被称为“三才”，是古人思考生活环境的基本要素，也是思考宇宙运行、社会变动的基本参照量。《道德经》里就说：“人法地，地法天，天法道，道法自然”。《周易》也是按照天、地、人的关系，来审视万事万物的变动方式。如《周易·系辞下》说：“有天道焉，有人道焉，有地道焉，兼三才而两之。”易卦的六个爻两两结合，象征天、地、人，初爻、二爻为地，三爻、四爻为人，五爻、上爻为天。所以《鬼谷子》说的天、地、人，即是告诉我们：思考问题，不要受到局限，要尽量拓展空间。

四方，为东、西、南、北，加上上、下，被称为六合，泛指宇宙。宇宙是时间和空间的集合，上下四方为宇，古往今来为宙。问四方、问上下、问前后、问左右，实际是要把万事万物问个清楚明白。

大家可能纳闷了：什么叫荧惑？为什么问荧惑之处安在呢？

在中国传统文化中，荧惑指的是火星。因为古人没有现代的科技设备，肉眼观察火星闪烁似火，行踪捉摸不定，因而称之为“荧惑”。占星学上认为火星专司天下人臣之过，主旱灾、饥疾、兵乱、死丧、妖孽。其中有一种最凶的天相就是“荧惑守心”。心宿三星代表了天子、太子、庶子，只要荧惑守心便要发生内乱。最有名的记载是秦始皇三十六年（前 211），“有坠星下东郡，至地为石，黔首或刻其石曰‘始皇帝死而地分’。始皇闻之，遣御史逐问，莫服，尽取石旁居人诛之，因燔销其石。”火星侵入心宿，这种天象象征着帝王有灾。有颗陨星坠落在东郡，落地后变为石块，老百姓有人在那块石头上刻了“始皇帝死而地分”。秦始皇听说了，就派御史前去挨家查问，没有人认罪，于是把居住在那块石头周围的人全部抓来杀了，焚毁了那块陨石。

据统计，在古代的重要典籍中，记载“荧惑守心”大约共二十三次，但据考证，有十七次是伪造的，也就是说与现在推导出的天象不同。而根据天文学家的测算，中国历史上实际发生过的“荧惑守心”共有三十八次，却多数不见记录。这样来看，鬼谷子提到的“荧惑”不是一个天文概念，而是一个文化概念，即“荧惑”代表着凶险、灾祸，那就是提醒，询问要抓住关键问题，即最大的隐患是什么？最大的凶险是什么？

做事往往会从最坏处准备，往最好处努力。《鬼谷子》问的“荧惑之处安在”？我们反躬自问：这件事最坏的可能在什么？最凶险的结果是什么？千里之堤毁于蚁穴，最大的隐患在什么地方？

从鬼谷子的角度，这样的思考叫作量权。量权是什么意思呢？就是测量一个国家的实力如何。在鬼谷子看来，他的弟子去一个国家工作，必须先多问自己几个为什么。

一要看钱财货物的有无，估计人民有多少、是富有还是困乏，富有和困乏到了什么程度？这就是前提条件，可称之“天之”。二要分辨这个国家的地理位置，例如地形的险峻平坦，哪里有利，哪里有害？计谋思虑，哪个是优，哪个是劣？这是必要条件，可称之为“地之”。三要考察君臣之间，与谁亲近，与谁疏远？哪些贤德，哪些奸佞？客卿的智慧谁高谁低，谁多谁少？观察天命祸福，哪个时候吉，哪个时候凶？诸侯之间的关系，哪个可以利用，哪个不可以利用？老百姓的人心向背如何变化，是安乐还是危急？喜欢什么，憎恶什么？反复测量，怎样利用才方便？这是充分条件，可称之为“人之。”

鬼谷子所说的“问”，既可以理解为提问，去和别人问对；也可以理解为扪心自问，自己在心里好好权衡一下利弊得失，从而确定问题所在。这样层层剥茧式的询问，可以由表及里，从表象看到本质。当年赵威后见齐国使者，就是通过简单的对话知道了齐国的虚实。

齐王给威后的信还没打开，威后就问使者说：“齐国的收成好吗？老百姓好吗？齐王也好吗？”使者听了很不高兴，说：“我奉齐王使命出使到威后这里，现在您不问齐王如何，而先问收成和老百姓，哪里有先问卑贱者，后问尊贵者的呢？”威后说：“不能这样说。如果没有收成，凭什么有百姓？如果没有百姓，又凭什么会有国君？哪有不问根本而去问末梢的呢？”

接着进一步问齐国使者：“齐国有一个处士叫钟离子，他还好吧？听说这个人的为人，有粮食的人有饭吃，没粮食的人他给他们饭吃；有衣服的人有衣服穿，没衣服的人他给他们衣服穿。这是在帮助齐王抚养他的百姓，为什么至今不让他成就功业呢？叶阳子还好吧？这个人怜悯、抚恤鳏夫、寡妇、孤儿和没有子女的老人，救济生活穷困、缺衣少食的人。这是帮助齐王使百姓安宁，为什么至今不让他成就功业呢？北宫家的女儿婴儿子还好吧？她除去耳环首饰，到老也不嫁人，为的是供养父母，这是为民表率，使民孝敬父母啊，为什么到现在不让她被接见？这两个处士不能成就功业，一个孝女不被接见，如何能统治齐国、做万民的父母呢？于陵子仲还在吗？这个人的为人，对上不向君王称臣，对下不管好自己的家，横向又不谋求与诸侯交好，这是引导百姓成为无用的人，为什么至今还不杀他呢？”

赵威后尽管有求于齐国，但从这段对话中仍能明晰看出齐国内政上存在的弊端，让齐国使者不敢小觑赵国，从而在外交上赢得尊重。

除《鬼谷子》外，《孙子兵法·始计》也是用“七情”来分析作战的胜负如何。

> 主孰有道？将孰有能？天地孰得？法令孰行？兵众孰强？士卒孰练？赏罚孰明？吾以此知胜负矣。

第一，“主孰有道”。战争双方的国君，谁的行为更合于“道”。一般说来，有道之君按照规律来行事，无道之君则按照性情来做事。用人方面也是如此，有道之君比较理性，会从国家大局出发把最合适的人放到最合适的位置上；无道之君则常是任人唯亲，不看人的能力如何，只根据这个人与自己的亲疏远近来任命，久而久之，越优秀的人越靠边站，越龌龊的人越得意，这个国家便走向衰败了。

第二，“将孰有能”。衡量双方君主手下的臣子是否行政干练、军情洞晓。刘邦得了天下，也承认自己“文不如萧何，武不如韩信”，刘邦的可贵之处就在于他能够因贤任能。萧何推荐韩信，收秦律令、图书；留守关中，筹办粮饷，采摭秦法，重定律令。韩信出陈仓，定三秦，败楚军，擒魏、破代、灭赵、降燕、伐齐，垓下全歼楚军，立下过汗马功劳。只要国中有“有能之将”，国君能合理用之，对国家是有百利而无害的。国君任命有能力者担任大将，自己可以清静无为，合理任用有才智的人，让他们能够充分施展自己的才华，这才是最高明的决策。

第三，“天地孰得”。讲的是天时、地利，大而言之叫“国运”，即国家的总体发展趋势；小而言之，“天”是年岁饥馑、丰收的问题，“地”是军事要塞、地理形势的失与得。要分析谁拥有天时、地利之助。

第四，“法令孰行”。国家制定的法令制度，能不能及时有效地执行下去。国家出现的衰弱征兆，往往是从徇私枉法、吏治紊乱开始的。有时候贪官污吏只是个别的现象，在短时间内产生影响，不会从根本上动摇国本。但如果国家出现了制度性毁坏，就像人的免疫系统出现了问题一样，那便无药可治，无力回天了。

第五，“兵众孰强”。意思是看谁的军队强大，“众”是说国民有没有一种刚健不屈的精神。西汉张汤曾说：“明犯强汉者，虽远必诛。”只要是侵犯了大汉王朝的国家或者军队，即便距离再远我们也要诛杀它。这是国家强盛时朝气蓬勃、士气旺盛的体现，也是国家在武力上的自信与坚持。

第六，“士卒孰练”。有没有军队不重要，有多少军队也不重要，关键是军队是否善于作战，是否适应战场。历代王朝在建国初年，军队数量并不是很多，但战斗力极强。随着国家的稳定，军队数量不断地增加，但可战之兵、可选之将却越来越少。一方面是冗官冗员，大量吃喝玩乐、娇生惯养、油嘴滑舌的人混进军队，耗费国家的财力、物力、人力事小，松懈瓦解了部队斗志事大。另一方面是承平日久，武备松懈，训练越来越流于形式，演习几乎是演戏。清军初入关时，十万铁骑横扫天下，所向披靡。殆及中期，八旗兵养尊处优，基本丧失了战斗力。俗话说："兵不在多而在精"，练卒以一敌十，冗兵百不如一。放眼历史，但凡朝代更迭之际，最终能卓然而立、所向披靡的军队，往往是兵马精练的队伍，而不是那些徒有众多人数的部队。

第七，"赏罚孰明"。对于任何一支军队，从组织体系来讲，令行禁止是基本的组织原则。军队中严格遵守军令的人会获得奖赏，违背军纪的人必然受到惩罚。治军要比治国更艰难，和平时期文恬武嬉看不出来，作战时一着不慎，满盘皆输。唯有按实情赏罚分明，才能言出必信，令行禁止，锤炼出军队的战斗力。

3. 问询是一种考核

古代很多著名的典籍都是采用问对的写法来说，比如《六韬》中文王、武王向姜太公提出很多问题，姜太公一一作答；在《黄帝内经》中，也是黄帝提出问题让大臣们作答。随着讨论的层层深入，问题也就有了解决的思路。从这个角度来看，君臣、师生之间的咨询、询问，既是一种学习，也是一种考核。

当年，孔子就是通过和学生聊天来观察学生、鼓励学生、发现学生的：

有一天，子路、曾皙、冉有、公西华四个人陪孔子坐着。孔子问了个问题，不同的学生却给出不同的答案，从中可以看出各自的性情差异。

孔子说："你们平时总在说：'没有人知道我呀！'如果现在有机会，让大家了解你们，你们打算怎么做？"

子路不假思索地回答："一个拥有一千辆兵车的国家，夹在大国之间，常受外国军队的侵犯，加上内部又有饥荒，让我去治理，三年工夫，就可以使人人勇敢善战，而且还懂得做人的道理。"

子路比孔子小九岁，基本是同时代的人，性格爽直率真，有勇力才艺，敢于批评孔子。子路与孔子有不少亦师亦友的对答，曾协助孔子"隳三都"，跟随孔子周游列国。孔子曾说，自从子路跟着自己学习，便"恶言不闻于耳"。子路接过孔子的话，不假思索，说自己能去治理一个内外交困的大国，不仅能使国家富强，而且能使国民有文化、有教养。使国家强，一个军事家能做到；使国家富，一个政治家能做到；使国民文雅，只有思想家和教育家能做到。子路的回答，既是自信，同时也有咄咄逼人的锐气。子路长于政事，能让国家富强，这一点孔子不怀疑。但他能否从事教化，孔子是持保留态度的。孔子对子路的评价是："由也升堂矣，未入于室也。"子路虽然跟随孔子学习了很久，成为孔门高足，但生性好勇，志在政事，未能尽识礼乐，成为一个文质彬彬的儒雅君子。所以孔子听了微微一笑。

又问：“冉求，你怎么样?”

冉求回答说：“一个纵横六七十里或者五六十里的国家，让我去治理，三年工夫，就可以使老百姓富足起来。至于修明礼乐，那就只得另请高明了。”

冉有比孔子小二十九岁，是孔门弟子中多才多艺之人。他曾担任季康子宰臣，率左师抵抗齐军入侵，身先士卒，率步兵用长矛突击，取得胜利；又说服季康子迎回了在外周游十四年的孔子；还帮助季氏进行田赋改革，是一个敏于政事的人。冉有说自己能在一个方圆六七十里的小诸侯国中，让老百姓吃饱穿暖，做一个忠于职守、勤勤恳恳的好官。

有一次冉有跟随孔子到卫国，看到卫国的人口众多，就问老师：“人民已经这样众多了。还需要给他们增加些什么?”孔子说：“使他们富有。”冉有说：“人民已经富有了以后呢？还需要给他们增加些什么呢?”孔子说：“使他们受教育啊!”冉有觉得自己只能做到让百姓富足，至于说让老百姓变得文雅，自己做不到，恐怕得找更高明的人来教育。其实冉有是能做到的。有一次子路问孔子怎样才算是一个完备的人，孔子回答说：“要有臧武仲的智慧，孟公绰的克制，及卞庄子的勇敢，再加上冉求的才能、技艺以及礼乐的陶冶，也就可以算是一个人格完备的人了。”智慧而克制，勇敢而有修养，是孔子心目中的完人，而冉有的才能、教养是可以做别人的榜样的。他这么回答，表明了他的谦和。

孔子又问："赤，你怎么样？"

公西华回答说："我不敢说能够做到，只是愿意学习。在宗庙祭祀的工作中，或者在同别国的会盟中，我愿意穿着礼服，戴着礼帽，做一个小小的赞礼人。"国之大事，在祀与戎，祭祀和用兵是最为重大的活动。公西华能够在宗庙祭祀时担任礼宾官，在诸侯会盟时担任外交官，可知他不仅懂礼乐，而且擅长交流，口才极好。他说自己只能担任助手，辅佐别人做事，既表明了他的自知，也显示出他的谦逊。

孔子又问："点，你怎么样？"

这时曾皙正在弹瑟，听到老师询问，弹瑟的声音逐渐慢了，接着铿的一声，放下瑟直起身子回答说："我和他们三位的才能不一样呀！"

孔子说："那有什么关系呢？不过是各自谈谈自己的志向罢了。"

曾皙说："暮春时节，春天的衣服已经上身了，和五六位成年人，六七个青少年，到沂河里洗洗澡，在舞雩台上吹吹风，一路唱着歌儿回来。"

孔子长叹一声说："我是赞成点的想法呀！"

曾皙洗洗澡、吹吹风、唱唱歌，好像没有什么志向，但这恰是晚年孔子的梦想。经历了颠沛流离的苦难，才知道安居乐业何等快乐；经历了壮志难酬的愤懑，才知放下是有福的自在。孔子觉得曾皙虽然不言治国行政的大事，但他追求平实而快乐的生活，既是个人良好心态的展现，也是读书人可遇不可求的安定社会的写照。孔子一生壮志难酬，又经历颠沛流离之苦，真切体会到曾皙所言生活场景的弥足珍贵，方才长叹一声，表示了赞同。

子路、冉有、公西华三个人都出去了，曾皙走在最后。

曾皙问："他们三位的话怎么样？"

孔子说："也不过是各自谈谈自己的志向罢了。"

曾皙说："您为什么笑仲由呢？"

孔子说："治理国家要讲礼让，可是他说话一点儿也不谦让，所以我笑他。难道冉求所讲的就不是国家吗？哪里见得纵横六七十里或五六十里就不是国家呢？赤所讲的不是国家吗？有自己的宗庙，有同别国的盟会，不是诸侯国家又是什么呢？如果赤只能为诸侯做小事，那谁能为诸侯做大事呢？"

在孔子看来，子路、冉有、公西华都是才堪治国的人才，他们对自己的评价，也是恰如其分的。还有一回，孟武伯跟孔子交谈，孔子认为子路可备大臣之数，"千乘之国，可使治其赋也，不知其仁也。"而冉有呢："求也，千室之邑，百乘之家，可使为之宰也。"公西华则是："束带立于朝，可使与宾客言也。"这实际是接受了他们三人的自我评价而给出的鉴定意见。但孔子认为，参政不在于职务高低，关键在于能做什么，关键在于心态如何。因为管理是系统工程，关键是要把合适的人放在合适的地方。作为一个人才，首先要明白自己是一个什么样的人，才能对自己放在什么地方有个清醒的认识，是做桌子的料就把桌子做好，是做螺丝钉的料就把螺丝钉做好，既不能妄自菲薄，也不能妄自尊大。

诸葛亮在《将苑·知人》中，列出了七条观察别人的方法，前四条也是采用“问”的方式来进行：

> 一曰问之以是非而观其志；二曰穷之以辞辩而观其变；三曰咨之以计谋而观其识；四曰告之以祸难而观其勇……

疾风知劲草，板荡识忠臣，一个人的志向，不是在酒足饭饱之后拍着胸脯的表白，也不是在大庭广众之下的自我吹嘘，而是面对大是大非问题时，能否坚守自己的节操与志向，是在辩论中，原先准备好的稿子和思路被打乱后，是否还能够应对自如，这不仅反映出知识的积累，更反映出一个人的应变能力，这只有打破砂锅问到底才能看出来。同样，有时候不经意间询问一个问题，通过对方的回答，也能看出他的基本思路是什么，见识在哪个层面，做事在哪重境界，当告诉一个人最不幸的遭遇时，最能看出他面对困难、险境的勇气。这四条对人才的观察方法都是通过询问、对话的形式来进行的。所以直到现在，在面试时还是采用问答和聊天的形式进行，原来大有学问啊。

问是一门大学问，扪心自问，可以发现良心，可以整理思路；有疑而问，可以观察世事，可以查明真伪；有备而问，可以增进了解，加深共识。《鬼谷子》所言的天之、地之、人之，正是无所不问，无所不察。正是有了这样世事洞晓，才能做到人情练达。那么接下来如何以人情练达做事呢？如何在很多看似无奈的局面中，打开新的局面呢？

七、因时处顺

我们所有的工作，几乎都是在特定的环境中进行的。所有的工作环境从来都不会是十全十美的。那么面对一个新环境，或者一个无从下手的逆境，该如何想办法启动自己的梦想呢？如何利用天时，或者创造地利呢？又如何才能尽快做到人和从而左右逢源、游刃有余地开展工作呢？

《鬼谷子·符言》第六条所讲的“因时处顺”正是指导我们走出困境的路径。

心为九窍之治，君为五官之长。为善者君与之赏，为非者君与之罚。君因其政所以求，因与之，则不劳。圣人用之，故能掌之。因之循理，故能久长，右主因。

主因，说的是做事的凭借、依靠是什么。《韩非子·五蠹》

说："论世之事，因为之备。"要想成就一点事业，就应该立足现实，要知道自己处在什么样的环境下，能成什么事，这是因时立政；也要明白如何发挥自己的主观能动性，做好手中的事，这是因事制宜；还要想清楚自己面对的是什么样的人，应该采用什么样的策略，这是因人而异。

1. 因时立政

因时立政是说，要做成一件事，最好能水到渠成，而不能过分强求。"君因其所以求，因与之，则不劳。"越做大事越要取得重要共识，大家都觉得这件事可以做而且必须做，于是一起来做，不仅阻力小，而且合力大，便很容易做成。任何一个朝代立国之初，都要经历一个休养生息的阶段，因为经过兵荒马乱国力衰微，生产凋敝，在这时，再有雄心壮志的明君能臣也只能恢复生产，而不能瞎折腾。

曹参在历史上出名是因为萧规曹随，无为而治；但在汉代出名，是因为身被七十多处伤口，攻城略地的功劳第一。刘邦称帝后论功行赏，群臣公论曹参第一，但刘邦并未同意，关内侯鄂君进言："今虽亡曹参等百数，何缺于汉？汉得之不必待以全。奈何欲以一旦之功而加万世之功哉！萧何第一，曹参第二。"刘邦欣然接受。鄂君显然是揣摩了刘邦的意思进言，因为刘邦对曹参这样精通兵机的将才有所顾忌，只能让他做齐相国。曹参到了齐国，听说胶西有一位名叫盖公的高人擅长道家黄帝因循之说及老子无为之论。曹参思贤若渴，立即派人带着厚礼恭敬地把胶西盖公请来向他求教。盖公来了以后，曹参礼贤下士，亲自拜见，向盖公请教治世安民之道。盖公看曹参一片真心，就向他建议当前治理齐国应该采取清静无为的方法。盖公对曹参说："只要上面的官府清静，不生事，不扰民，那么下面的老百姓生活就安定了。百姓安定后，社会经济随之就能得到恢复和发展，国家也就能治理好了。"

曹参听了他的话后非常高兴，决定把盖公留在齐国，并把自己住的大房让出来，请盖公住，以便随时为他治国出谋划策。曹参在齐国担任相国的九年中一直用"无为而治"的原则制定政策，不准官员去打扰百姓，严惩做坏事祸害百姓的官员，还起用一批老成持重又爱惜民力的官员，令民自定，结果齐地大治。

刘邦驾崩、萧何去世之后，汉惠帝选用曹参继任丞相。曹参从郡县、诸侯国中选拔了一些质朴诚恳的厚道人作为属官，斥退那些能说会道、苛求细节、追求名利的人。自己整天和属下饮酒，有来规劝、提意见的，拉来一起喝，醉后方休。

汉惠帝觉得这样太过分，便问曹参。曹参回答说："陛下与高帝相比，谁更英明神武呢？我与萧丞相相比，谁更贤能呢？"

惠帝说："我不如先帝，您也不如萧何。"

曹参认真地说："高帝与萧丞相平定天下，制定法令，我们只要将他们的法令执行下去，不随意变更便是谨守职责。"

经历了春秋战国的争夺、秦国的剥夺和楚汉战争的杀戮，汉朝初年，国力尚未恢复，最忌讳政令烦苛，朝令夕改，让老百姓无所适从。这是萧规曹随的社会背景。但更重要的是，曹参明白：刘邦对自己存有戒心，虽然去世了，但吕后仍掌握朝政，韩信就是吕后诛杀的。而自己与萧何之间有嫌隙，如果贸然更改刘邦和萧何拟定的法令，必然会招致吕后的强力反弹。而自己寻欢、饮酒、作乐，正是显示自己安心相位而没有野心，即“善与而不争”之道，不争功，不争名，不争利，自然不争天下。

曹参之后，接任相国的陈平更是饮酒作乐比曹参更甚。汉文帝问他政事时他居然说：“陛下要问决狱之事，责廷尉；问钱谷，责治粟内史。”

汉文帝很惊讶：“假如大家各主其事，各有分工，那您做什么啊?”

陈平回答说：“我管理大臣啊。宰相是用来辅佐天子理阴阳，顺四时，下育万物之宜，外镇抚四夷诸侯，内亲附百姓，使卿大夫各得其所，各守其职，各尽其责。”

陈平当时面临的局面与曹参一样，刘邦起兵称帝，多依靠亲戚朋友。立国之后虽然剪除了异姓王，但朝中基本是当年刘邦的功臣，他们习兵事，多谋诈，都有些野心，之所以不敢造反，是畏惧刘邦和吕后的心狠手辣。曹参任相国时，吕后专权，要想让天下安定必须保持朝廷之间的微妙平衡，采用息事宁人的方式化解矛盾，少说少做。曹参“日夜饮醇酒”，就是通过请客吃饭来调解、平息功臣们的矛盾，更重要的是缓解吕后对自己的戒备。

陈平任相期间，也采用饮酒而不理政的方式显示自己的“不争”。据《史记·陈丞相世家》记载，吕媭向吕太后禀报陈平耽于酒色，“吕太后闻之，私独喜”，不仅当着陈平的面训斥吕媭，而且更加信任陈平。这种“不争”的谦卑姿态比起韩信“舍我其谁”的高调，显出来的是“主位”的智谋。

有朋友可能说了：这样饮酒作乐不是尸位素餐吗？在历史上，乱世需要精明强干之将，天下太平了有时候就得难得糊涂。曹参、陈平本可做更多的事，但面对随意诛杀韩信的吕后之威，曹参的萧规曹随是韬光养晦，陈平的饮酒作乐也是韬光养晦，先保全自己，保全相位，然后才能待机而发。所以吕后立兄弟为王，陈平“伪听之”。等到吕后驾崩立刻与太尉周勃合谋，诛杀诸吕，迎立汉文帝，使得汉家这艘伤痕累累的大船得以补救而重新扬帆。

一个人可以很高明，能超越同时代所有的人，但超越不了他所处的时代。历史从来不会给任何人准备一个十全十美的环境让他发展，同样现实也是残缺不全的。要想做成一些事，一是要学会利用环境，二是要学会改变环境，先点点滴滴做人，再认认真真做事，从无到有，从小到大，久而久之，凿石留痕，便能做出一些成绩。

2. 因事制宜

因事制宜，是说遇到复杂的人和事，先找出其内在的规律，对症下药，“因之循理，故能久长，因求而与，悦莫大焉”，找到大家都能接受的解决办法。对个人来说，就是看人下菜碟儿。要是在日常生活中，见人说人话，见鬼说鬼话，那是八面玲珑，不值得提倡。但在做正事时，还真的需要有看人的功夫，选对合适的人，有些事才能做成。因事而异，就是顺着对方的思路来想问题，来解决问题。换个角度，有些问题就很好解决。

讲一个北宋名相张齐贤断家产的案子吧，看看他是如何做到“因求而与，悦莫大焉”的：

一天，张齐贤在相府处理公务。门人报告：皇上的亲戚吵架呢，皇上让你来断这个案子。

什么案子呢？

皇上也有几家亲戚，其中一家有两个儿子，老爷子给他们置办了宅院、家产，结果两人都不满意，觉得自己吃亏了，吵来吵去把皇帝也给弄烦了。挠了半天头，只好一挥手让张宰相处理吧。

张齐贤一听，就说把两人带上来。

两人上来之后都陈说自己受了委屈，老爷子太偏心了，给另一个的家产都比自己多。

张齐贤说：你俩都认为自己吃了亏，觉得对方分得多，自己分得少，对吗？

两人都说：对。

张齐贤说：我觉得也是，要是情况属实，那就签字画押，我给你们处理。

两人画押之后张齐贤说：其实这事也好处理，你俩既然都觉得对方分得的家产多，换换呗。老大搬到老二家住，老二搬到老大家住，财货不动，人换换不就是了。

说罢，命令两人立刻交换，大家都无话可说，觉得这样处置最好。

有效的管理常常是换位思考，就是站在对方的立场上想问题，那就按照他们的逻辑想着怎样把问题解决了。兄弟二人因为财产争吵，是两人都不厚道，不想谦让就不会和平解决，斤斤计较就没有共识可以达成，所以重新分没有必要；教育他们，那是皇帝的亲戚；莫不如顺水推舟，既然你们都觉得对方分得多，那就交换一下，还有什么可说?

顺水推舟，因事制宜，是处理疑难问题最好的出路。

东晋时有个丞相叫王导，很善于处理政务。东晋渡过长江建立政权，带有逃难的性质。安定下来之后，清点一下国库发现只存有数千匹丝绢。没有现钱啊，这可怎么办? 王导想出了一个法子，就和朝中大臣商议，每人购买丝绢制作一套单衣，作为新式服装。

衣服做好之后，地方官员、贵族、富商以及读书人纷纷仿效，一时丝绢供不应求，丝价暴涨。王导便下令管理府库的官员，按照市场价出售丝绢，结果每匹售价竟高达一两黄金，将存货变现，使得朝廷渡过了财政难关。

好的经验是可以屡试不爽的。东晋另一个宰相谢安也仿效了一把。

有一天谢安的一个同乡辞官回乡，临行前来辞行，谢安问他回乡的路费是否准备妥当。

同乡回答道："手上没有现金，只有五万把蒲葵扇。"

谢安说："这好办，我买你一把。"

此后几天他一直使用这把蒲扇，摇来摇去，爱不释手。

谢安在当时不仅职务高，名气大，更重要的是在社会上有无数的粉丝，觉得谢安风度翩翩。大家一看谢安用蒲扇，觉得这是今年夏天的新款式，争相购买蒲葵扇，于是扇价高涨。他的同乡也凑够了回家的盘缠。

这些都是小事，很容易做，大事上可以吗？完全可以因事制宜，不怕做不到，就怕想不到。

北宋大中祥符年间，宫中失火，宰相丁谓负责修复宫室。

要重修宫室就要夯土、烧砖、做瓦，可皇宫周围都是官衙、居民，在没有现代运输设备的条件下，取土太远，不仅会延缓施工进度，还会增加运输成本。怎么办呢？丁谓便下令直接在街道取土，运到宫中使用。

于是连接皇宫的几条大街道都被陆续挖成了壕沟。

老百姓怎么走？

丁谓下令，打开汴水的堤坝，将汴水引入壕沟中，把街道变成了运河，百姓暂时乘木筏、小舟出行。这样一来，运送各种石料、大木的舟船就可以直接开到宫门口，不用经过陆地转运，节省了大量的人力物力，降低了运输成本。而等宫室修好之后，再把废弃的瓦砾、灰土、砖石重新填进壕沟中，夯实之后恢复为街道。

这个做法一举解决了取土、运料和废物处理三个大难题，为财政节省亿万钱的费用。

因事制宜就是不要墨守成规，要根据事情本身的特点采用不同的思路加以解决。这种灵活运用便叫作权变。后来朱熹也说："天下之事，有常有变，而其所以处事之术，有经有权。"强调了变与不变相辅相成。不变的是道，变的是法；不变的是原则，变的是措施。有了约束的权变，不会背离宗旨；有了权变的约束，就不会机械教条。

3. 因人而异

因人而异，就是看人下菜。鬼谷子教育弟子去游说君王，正是针对不同的人，说不同的话；或者同样的话，对不同的人有不同的说法。

《鬼谷子·权篇》中有一段话，说的是跟不同的人进行有效沟通需要采用不同的策略：

> 与智者言，依于博；与拙者言，依于辩；与辩者言，依于要；与贵者言，依于势；与富者言，依于高；与贫者言，依于利；与贱者言，依于谦；与勇者言，依

于敢；与过者言，依于锐。

与智慧者谈话，要依托于渊博。因为聪明的人佩服的不是你的灵巧，而是知识渊博。

与笨拙者说话，要依托于巧辩。因为思路褊狭的人，跟钻牛角尖者只能抬杠，公说公有理，婆说婆有理，自说自话，容易不欢而散。但如果给他提供很多思路，则很容易让他走出故步自封。

与善辩者谈话，要依托于简要。善于辩论的人，常常是滔滔不绝，说着说着要么说回来，要么说跑了，莫不如简明扼要，让他知道你的基本观点，而不会被他带着满街跑。

与高贵者谈话，要依托于气势。地位高的人，平时养尊处优惯了，说话一直居高临下，如果此时自己仍很谦卑，则很容易进入他的话语系统中，莫不如气势雄壮地跟他说话。孟子之所以敢于跟梁惠王、齐宣王辩论，他说爵位有三：天爵、齿爵、德爵。你们贵族有的是靠血缘关系继承而来的爵位，但我的年龄比你们长，这是齿爵；我讲究仁义礼智，这是德爵——这三种爵都是“天下有达尊者”，我有其二，难道不可以与你们分庭抗礼吗？有了这样的气势，他常常说得那些君主“顾左右而言他”，心不服也得口服。

与富人谈话要依托于高雅。在古代，商人与士人的区别在于士人讲究安贫乐道，而商人在商言商，那时候没有高科技，也没有资本市场，商人能够致富，靠的就是买进卖出。每天思考的是如何低进高出，顾不上读书明理，鬼谷子认为和这些人说话不要谈俗务，因为他们比任何人都现实。

与穷人谈话，要依托于利益。可能是鬼谷子认为人穷志短，马瘦毛长，这个穷不是没有钱，而是走投无路。处于这样境地的人，最关心的是如何迅速改变现状，那就谈能得到什么好处，给他希望和动力。

与卑贱者谈话，要依托于谦虚。地位低的人很少受到尊重，如果能够给他们以敬重、尊敬，要比给他们一些钱财更让他们感动。

与勇敢的人谈话，要依托于果敢。勇敢的人，最反感做事拖拖拉拉，优柔寡断，与他们交流或者做事，要言必行、行必果，轻然诺、重践诺，才能赢得他们的尊重。

与过激的人谈话，要依托于敏锐。遇到偏激的人，要敏锐地把握他们说话的要旨，让他知道你的分析一针见血，这样便会迅速瓦解对方的激动，彼此冷静地处理问题。

《鬼谷子》这段话的要旨就是典型的看人下菜，你是什么样的人，那就采用什么样的方式跟你交谈，这是游说；或者选取合适的人跟他搭班子，这是管理。

宋朝初年，南唐后主李煜已经向宋称臣，派遣徐铉来朝贡。

徐铉是个大学问家，他和徐延休、徐锴并称“宋初三徐”。依照当时的外交惯例，宋朝政府要派押伴使，就是陪同人员在境内陪同。但朝中的臣子都觉得自己的学问、口才不如徐铉，陪同人家岂不是给自己添堵，都纷纷婉拒。宰相也觉得这种人才很难选，就请示太祖赵匡胤。

赵匡胤说："你们不必着急，我自己来选。"

不久，皇帝秘书传下诏令给殿前司，就是掌管宫殿前禁卫军之名籍的官署，让准备十个不识字的侍卫名单入宫。皇帝亲笔圈选其中一名说："这人我可看行。"

朝臣都很惊奇：这人是典型的闷葫芦，三棍子打不出一个屁来，去陪同一个口齿伶俐的大学者？唉！真不知道皇帝怎么想的。

中书省不敢再请示，只能催促他上路。

这个侍卫也不知道怎么回事，不得已，就到国境上与徐铉会合。

起初徐铉言辞流利，侃侃而谈，旁观的人为之惊愕不已。侍卫无法回话，只能嗯嗯哎哎地应着；徐铉没有察觉，依然喋喋不休。

过了几天，侍卫只听不说，徐铉觉得没意思，也累得沉默不语了。这就叫卤水点豆腐，一物降一物。既然找不到能与徐铉旗鼓相当的饱学之士，那就不与争锋，沉默应对。冲突的解决不一定是针锋相对，也可以避实就虚。一个人口若悬河，另一个不说话，安心做听众，不仅架吵不起来，而且说的人也慢慢没了脾气。这就是因人而异。

因人而异还有一重意思就是投其所好，赢得对方的信任。鬼谷子的弟子张仪就是摸准了楚怀王的性格、脾气，挣到了参加工作的第一桶金。

张仪从鬼谷子那里学成之后开始找工作。先是到了楚国，待了一段时间，不仅没有挣到钱，还被楚相昭阳打了一顿。

靠着善良找不到工作，张仪下决心离开楚国。在哪里跌倒就要在哪里爬起来，张仪最后一次请见楚怀王。

楚怀王有两个特点，一是喜欢美女，二是耳根子软。既然张仪要见，为了显示自己求贤若渴，那就见见吧，于是有一搭没一搭见了张仪。

张仪对楚怀王说："既然您不用我，那我还是北上去见韩王吧。"

楚怀王很痛快地说："好啊。"张仪接着说："我若见到韩王，您有什么需要的吗?"意思就是说，我能顺便帮您做点儿什么事?楚怀王倒是很自信："我们楚国物产丰富，有的是金银珠宝，还需要什么呢?"

张仪说："据说韩国的属国郑国与周国的女子姿色非常漂亮，粉白墨黑，飘飘若仙。能亲眼看见的，都以为是仙子下凡。"

楚怀王是个好色之徒，一听还有那样的女子，便动了心思，觉得张仪的这个想法倒是不错，不仅可行，而且可用。于是，楚怀王便说："这么一说，楚国便是偏僻之所了，有此好事，还请先生帮着物色。"便赐给张仪一堆珠玉作为礼物。

这消息立刻传到内宠郑袖的耳朵里。郑袖是楚怀王的宠姬，容不得楚怀王另有新欢。有一个著名的典故叫“郑袖善舞”，说的就是这位美女，不仅吃醋，而且害人。当年魏王曾送给楚怀王一个美女，楚怀王喜欢得不得了。郑袖也装出一副温柔敦厚的样子，送给那女子各种服饰珍玩，显得比楚怀王还喜欢。楚怀王一看，谁说郑袖好妒忌，她能喜欢我喜欢的，好像还胜过我，真是通情达理，善解人意。郑袖等到楚怀王认为自己没有妒忌心，便私下里跟这个美女说：妹妹啊，大王特别喜欢你，但不太喜欢你的鼻子，你要是见了大王掩鼻而过，大王会更加喜欢你。楚怀王一看美女见了自己就掩鼻，便问郑袖怎么回事？郑袖欲言又止，楚怀王自然要追问，郑袖说：还不是嫌你身上有气味吗？楚怀王一听：好啊，嫁给我还不全心全意的，居然嫌我。便下令割去了美女的鼻子。

郑袖的阴险狠毒，楚怀王的糊涂愚蠢，由此可知。

郑袖当然不希望张仪找到新的美女送给楚怀王与自己争宠，于是就派人也给张仪送去了五百金，说先生远行，车马劳顿，送来盘缠，作为慰问。言外之意当然是让张仪要么别找，要么别送更美的女子来楚国。

南后也很是担忧，同样派人去见张仪，说：“听说您要到韩国去，没有什么东西送给您，这是一千金，权当您路上的车马费吧。”她的意思与郑袖一样，不言而喻了。

要是一般的骗子，骗了一千五百金和一大堆珠宝之后肯定溜之大吉。但这是张仪，未来还要做大事，要是这么溜了，以后还找不找工作了？失信于天下，那是砸了自己的招牌，这就要想办法把这件事给了了。

张仪临走辞别楚怀王，既然要替楚怀王办好事，楚怀王便设宴践行。觥筹交错间，张仪说：“现在诸侯间战事不断，道路隔阻，我这一走不知何时才能相见，现在没有外人，可否邀请您的左右亲近一块儿畅饮?”楚怀王便叫来了郑袖与南后。

二人一到面前，张仪一愣，马上下席，向楚怀王叩头请罪。

楚怀王诧异得很，这是为何？张仪战战兢兢地说：“我走遍天下，从来没有见过像郑袖、南后这样天生丽质、国色天香的美人。之前我竟然还和您夸下海口，说什么地方如何如何，居然要替您找美人。我这不仅是孤陋寡闻，而且是欺君之罪啊!”

张仪的马屁拍的正是地方，既夸奖了郑袖、南后的美貌，也满足了楚怀王的虚荣心，三人都非常舒服。果然，楚怀王高兴地说：“你不必放在心上，我一直认为天下最美的女子也就是她们二人了。”

这就是典型的空手套白狼。张仪成功利用了楚怀王好色的毛病，设了个圈套让楚怀王往里面跳，又让郑袖、南后在不自觉之间成了他的帮衬，轻飘飘的就拿走了离开楚国的盘缠。

这就是鬼谷子的弟子，也是纵横家常用的策略。我们讲过，战国时期的纵横家基本都是布衣出身，白手起家，他们没有任何资本可以挥霍，没有任何背景可以依靠，只能在看似无望的诸侯纷争中寻找机会。他们能做的首先是因时处顺找到工作，然后才能因事制宜赢得信任，因人而异使用策略，建立功业。历史从来不属于某一个人，任何英雄必须寻找机会、利用机会、创造机会，才能实现自己的抱负。《鬼谷子·符言》的主因就是告诉我们要想做成一番事业，首先想到的应该是自己如何利用现有条件去做事。

我们常说，有条件要上，没有条件创造条件也要上 。问题是：没有条件如何去创造条件呢?

八、内外周全

《鬼谷子·符言》后三条，讲的是如何组建团队，如何管理团队。一个人要想成就点事业，一要做事周全，才能取得大家的信任；二要洞察幽微，才能赢得同事的敬重；三要知人善任，才能获得属下的拥护。那么，怎样做才是“内外周全”？管理者如何以“待人周到”博得信任，如何以“思虑周密”想得稳妥，又如何用“处事周详”取得实效呢?

《鬼谷子·符言》第七条说：

> 人主不可不周，人主不周，则群臣生乱。寂乎其无

常也，内外不通，安知所开？开闭不善，不见原也。右主周。

“人主”，在鬼谷子所处的时代，指的是天子、诸侯这样级别的人，现在我们可以理解为管理者。作为一个管理者，如果不能做到待人周到、思虑周密、处事周详，那就极难服众，说的话无人听，做的事无人支持，在团队中先是被慢慢孤立，而后便会被群起而攻之。在鬼谷子看来，要想和团队处好关系，需要做到两点：一是让团队成员充分了解自己的想法，实现团队中决策层、管理层与普通员工、客户之间的有效沟通；二是以心换心，与团队成员达成心有灵犀的默契，实现自己与团队成员之间的理解、信任与尊重。

如此说，《鬼谷子》第七条讲的是原则，而我们如何去做？中国古代有不少的案例，我们可以结合案例来具体分析。

1. 待人周到

风起于青萍之末，事亡于无形之中，人与人之间的隔阂与猜忌最初可能就是从一点点的小误会开始，最终酿成大祸。做事的失败也常常是千里之堤毁于蚁穴，因而要想使团队有凝聚力就要时时处处想得周到，设身处地地为他们着想，替他们免除后顾之忧，才能赢得团队成员一往情深的信任，不落言筌的敬重。

汉代刘向在《说苑·复恩》中讲了一个故事，即著名的楚庄王“绝缨之会”。

有一次楚庄王宴赐群臣。不知不觉畅饮到了天黑，君臣上下喝得都是酒酣耳热。这时忽然一阵风起，吹灭了酒席上的灯烛，宴会厅内顿时一片漆黑。趁着黑暗与酒兴，有人乘机去拉站在身边的侍女的衣裳。那宫女急中生智，顺手就把他头盔上插的帽缨给拔了下来。之后急忙向楚庄王报告说："这灯烛一灭，就有人扯我的衣裳，我已经拔下他的帽缨。大王，您赶快让人把蜡烛点上吧！这样，就能看出是谁干的了。"

谁知楚庄王沉思了片刻，却说，"我宴赐群臣喝酒，本意就是让大家尽兴而归。哪个人喝醉时都有可能有失态、失礼的举动，我们也没必要小题大做。"

于是，楚庄王让在场的所有文武大臣统统把自己的帽缨取下，然后才叫来侍从点亮灯烛，这样一来，宫女和所有人都看不出刚才是哪个人曾有过非礼之举，这件事也就被掩饰过去了。大家继续谈笑风生，最终君臣尽欢而散。

三年后，晋楚决战于邲。晋国还是老霸主，楚国则是新兴力量。这次决战目的在于争霸，重新划定中原势力格局，赢者会成新霸主，败者顶多就是割据一方，退回属地的诸侯。有了这样的缘由，双方打起来都毫不迟疑、毫不客气、毫不留情。

在这个过程中，楚庄王发现，有位武将总是在前面冲锋陷阵，五度交锋，五度骁勇作战，奋不顾身，其他武士们有了这种不要命的精神带头，一拥而上将晋军击退，获得了战役的胜利。庆功会上，楚庄王叫人请来了这位武将，亲自感谢，并说："我的德行浅薄，平时并不曾特别优待过你，你为什么毫不犹豫地为我这样出生入死呢？”

不料那位大臣却回答说，“我本就该死，是个罪人。我就是那天晚上头盔上插的帽缨被拔了的人哪！大王，你可能不记得了，三年前的一次宴会上，我因喝醉了酒而失了礼节，大王您却以隐忍之心原谅了我而没有诛杀我。您暗中给我的恩情我一直铭记在心，也只能以这种方式来报答了。”

俗话说滴水之恩当涌泉相报。人都是有感情的，不经意间的一次关照也许会温暖一个人的一生；关键时候的一次谅解、一次援手，也许会成为一个人终生铭记的恩情。作为管理者，要想赢得部属的敬重，就要尊重属下，善待属下，把属下当成事业的同行者，而不是自己可以颐指气使的家奴，以心换心，这样才能赢得众人的尊重。

往深处说，这不是一个简单的管理策略，而是出于一个人内心的修为。因为若要想长久做事，根本是靠修为，而不能靠演戏。一个人可以靠演戏做成一件事，或者做成几件事，但不可能所有的事都是由演戏做成的。一个人可以长久地欺骗一个人，或者同时欺骗所有的人，但不可能长久地欺骗所有的人。所以说，管理者与部属们的关系是要以我真心，换你真情；以我真情，换你安心。在上者有情，便能春风化雨；在下者必然有义，便能竭尽全力；上下有情有义，没有隔阂便没有疑虑，没有疑虑便会毫无保留地奉献。

我们说，水至清而无鱼，人至察则无徒，若一个管理者过于苛责，手下动辄得咎，自然会感到兔死狐悲的恐惧，凡事躲得远远的。若再拿着这个把柄来威胁或者要挟属下，虽然可以控制一时，但却会让上下离心，而相互设防，最后不仅开创不了新局面，很可能全都弄得一塌糊涂。与其这样，莫不如给属下足够的尊严和自信，让手下安心做事，不起疑心，不分闲心，一如既往地相互信任。管理，就是一个接一个的同心圆，能让一个人安心，便可以做一个好伴侣；能让十个人安心，便可以做好一个项目；能让千百人安心，才可能做成一项事业；能让千万人安心，那才叫天下归心，才能做天下的事。

这种对待属下怀柔的做法，康熙也看得很透彻、很明白。雍正追述他曾经亲耳听到的康熙的教诲之言，编成了一本《庭训格言》。在这里面记录了康熙总结的修身、齐家、治国的很多经验。其中，当提到用人之道时康熙曾说："固不可过于严厉，而亦不可过于宽纵。"再具体点儿：

> 如小过误，可以宽者，即宽宥之。罪之不可宽者，彼时即惩责训导之，不可记恨。若当下不惩责，时常琐屑蹂践，则小人恐惧，无益事也。此亦使人之要，汝等留心记之。

康熙教育他的孩子，也就是我们在电视剧中看到的阿哥们、贝勒们，让他们管理自己的属下时，一定要宽严相济。如果仅仅是小的过失，那没必要处罚，宽宏大量些，不予计较。如果犯了严重的失误就要当时惩罚，就事论事，惩罚过了还要学会忘记，不要再提，尤其不要把这事当成把柄，翻来覆去地说，以此折腾属下，让属下心生不安。属下如果有了恐惧之心，又留在自己身边，会是很大的隐患。

《三国演义》中张飞最后丢了性命，其实就犯在这种事上。在《三国志·张飞传》里是这样记载的：

> 羽善待卒伍而骄于士大夫，飞爱敬君子而不恤小人。先主常戒之曰："卿刑杀既过差，又日鞭挝健儿，而令在左右，此取祸之道也。"飞犹不悛。

其实关羽、张飞都很傲气。不同的是，关羽对属下很好，能够与士卒同甘共苦，但对待同僚、同事就显得很是清高，有些不合群，这样的人不适合在朝廷里处理君臣、同僚关系，但适合镇守一方，因而刘备让他守荆州，独当一面。而张飞正好相反，他对待同事、同僚很谦和，但是对待属下有些冷酷。刘备曾说他刑罚不明，也就是我们前面讲到的"赏信刑正"做得不好，不能服众，尤其是性子一上来，脾气着急，还拿着鞭子抽打属下，而且还让这些有了怨恨之心的人待在自己身边，可以自由出入自己的军帐，最后必然酿成大祸。

但张飞从来不知悔改，最终不仅丢了性命，而且也误了蜀汉伐吴的大事。

关于这件事，《三国演义》讲得很精彩：

关羽被杀之后，张飞既要为关羽挂孝，又要为关羽报仇。本来是心急吃不了热豆腐，可张飞是个急性子，非要把这两件事合在一起来做，要让军队挂着孝为关羽报仇。于是，就限令三日内备齐白旗、白甲。

蜀军承汉制，一直以绛红为色，数万将士的白甲，一时间如何能置办整齐？

当年诸葛亮草船可以借箭，但无论如何借不来白甲。知道了这个情况，负责办理此事的范疆、张达报告张飞：“白旗白甲一时无可措置，还请将军宽限。”

发怒的张飞立刻叫喳喳：“我急着想报仇，恨不得明日便到逆贼之境，你们居然敢抗令！来呀，绑了！”

于是，叫人把二人绑在树上亲自鞭打解恨，打得二人口里流血。他打到自己手软，又用手指着二人说：“明天一定要全部完备！如果违了期限，就杀你们两个人示众！”

两人回到营中，商量何去何从。

范疆说：“张飞性情暴躁，如果明天置办不齐，你我都会被杀啊！”

张达恨恨地说：“让他杀我，不如我杀他！”

范疆说：“只是没有办法走近他。”

张达说：“如果上天帮助我们，我们命不当死，那他就醉在床上，我们好动手；如果我们当死，那他就清醒，我们自投罗网罢了。”

结果，张飞这天夜里又喝得酩酊大醉，卧在自己的军帐中。

范、张二人探知了消息，初更时分，各怀利刃偷偷地进入军帐中，不费吹灰之力就把张飞给杀了，还拿着张飞的首级顺江逃到东吴去了。

所以说，楚庄王能够成就大事，是因为小事不计较，对属下很周到，顾全了他们的尊严，给予了必要的尊重，以德服人，最终赢得了属下的以死相报。而张飞让属下完成不可能完成的任务，苛责过分，最终不仅没有能够给关羽戴上孝，自己也丢了性命。“人主不周，则群臣生乱”，张飞之死，就在于没有体会到这句话的深意。

2. 思虑周密

“周”的第二层含义指的是思虑要周密。在鬼谷子看来，智者千虑，必有一失，需要进行大事决策的时候，一定要反复再三、深思熟虑。历史上的大悲剧常常是从一开始就有了失败的征兆，身边的大祸患往往也是从细微处积累起来的。那么，怎么发现细微处的祸患呢？怎么面对无常的世事呢？怎么才能避免“内外不通，安知所开”的情形呢？那就要敢于向属下透露自己的心声，甚至把自己的犹豫、踌躇告诉他们。这不仅会得到属下无私的建议，还能够赢得属下的信任。

曹操的优点之一就是事无大小，常常征询属下的意见。

贾诩是曹操重要的谋臣，《三国志》的作者陈寿认为，贾诩可以与汉初的张良、陈平等人相提并论，他的见识和谋略，冠盖一时。从史料记载来看，董卓、李傕、郭汜、张绣、曹操、曹丕等人都曾听了他的建议，打了胜仗；而不听他的建议，就都打了败仗。曹操官渡战袁绍，潼关破西凉马超、韩遂，其实皆是贾诩之谋。

建安二十二年（217），曹操一度非常喜欢曹植，想立曹植为储，将来继承魏王的事业。作为哥哥的曹丕很着急，就派人求计于贾诩。贾诩对他说："希望将军修养品德，勤于学习，日夜孜孜不倦，把儿子的道义尽到就足够了。"就是"勉曹丕以孝"，不要去争，而要认真读书修养自己，以儿子的孝心去照顾父亲。

一天曹操命左右退下，把心里的犹豫告诉了贾诩：曹植才华远在曹丕之上，是否应该废长立幼呢?

贾诩听完后，久久不吭声。

曹操等了一会儿说："我跟贤卿说话，贤卿怎么不作声呢?"

贾诩这才说："臣正在想一件事。"

曹操又问："贤卿想什么呢?"

贾诩说："我在想袁绍和刘表两家的事。"

袁绍的正妻有两个儿子，袁谭是长子，但袁绍更喜欢小儿子袁尚。袁绍这个人，最致命的缺点是优柔寡断，好谋略而不能决断，有人才而不能用，外表宽容，内心却充满猜忌。把位置传给谁，他一直没有拿定主意，犹豫了一辈子，撒手人寰之际才临时决定让袁尚接位。这样一来，原本以为自己能继承王位的老大袁谭便心存不满，联合曹操共同攻打袁尚。兄弟反目的结果自然是两败俱伤，被曹操这个“渔翁”得了利，各个击破。由此来看，袁绍家族的最终灭亡，正在于废长立幼。

刘表也是如此，他有两个儿子刘琦、刘琮。刘表觉得长子刘琦与自己的相貌相似，十分喜爱。但二儿子刘琮娶了刘表继室蔡夫人的侄女，蔡氏喜爱刘琮，讨厌刘琦，经常在刘表面前诋毁刘琦，三人成虎，刘表慢慢的就信以为真。而且蔡氏的弟弟蔡瑁和外甥张允也支持刘琮，这让刘琦感到心神不宁，便听从了诸葛亮的建议，出任江夏太守以求自保。刘表病重，刘琦回到襄阳探望。张允等人怕父子二人长期分隔，一旦见了控制不住情绪，刘表一激动，会确立刘琦为继承人，便不许刘琦入内探望。刘琦只得在宫门外大哭一场而去。刘表死后，荆州群臣拥立刘琮为继承人，刘琮不是靠能力上去的，而是靠裙带关系被重用的。没有实力的主子，只能靠狐假虎威支撑一下子，等曹操大兵压境，他立刻与蔡瑁、张允等向曹操请降。刘琦也因伤心过度在第二年去世。

袁绍和刘表原本实力都在曹操之上，但全在选接班人上出了问题：一是犹豫不决，造成了兄弟之间的罅隙；二是废长立幼，长期历练的大儿子有实力，却没名分，最终不得正果，难免有怨恨之心；三是临终草草立君，接班人尚没有得到充分锻炼，就匆忙接班，虽有头衔，却很难服众。

曹操一听贾诩的话就明白了关键所在，立刻宣布立曹丕为世子，作为储君来用心培养。随即，又找借口诛杀了曹植的重要谋士杨修，为曹丕顺利继位做了人事上的安排。

曹丕、曹植兄弟二人的王位之争，对曹操来说可能是优中选优，其实是幸福的烦恼。但由此导致的兄弟不和却为曹魏衰败埋下了伏笔。曹丕继位后立即诛杀了曹植的另两个谋士丁仪、丁廙，对曹植严加防范。心中有了魔鬼，看谁都面目可憎，曹丕最担心的不是朝臣，而是兄弟们。兄弟一个个被修理、被处置之后，曹丕一枝独秀，没有竞争者，看着是巩固了皇位，但却忘记了背后虎视眈眈的司马懿。没有了兄弟们的保护，司马懿只要掐住了曹魏皇帝，便轻松夺取了曹魏的江山。

从这一点来说，曹操在曹丕、曹植间犹豫之时，就为兄弟不和埋下了伏笔。曹操在去世前三年立曹丕为接班人，要比临终安排后事的袁绍、刘表周密得多，曹丕最终将汉献帝取而代之，建立了曹魏政权。我们可以设想，要是一开始曹操就确定曹丕的地位，兄弟名分已定，曹丕对曹植可能有防范，但不可能嫉恨得要命，而那些谋士们省得站错队伍被杀，会为曹魏保留多少人才？自古皇帝立储，说是家事，实际是国事，稍有不慎就会导致天下大乱。唐肃宗李亨在处理这种事时就比曹操高明得多。

唐肃宗在灵武即位时，面对的第一个问题就是要平定“安史之乱”。

打虎亲兄弟，上阵父子兵。唐肃宗有十四个儿子，七个女儿。此前唐肃宗告别老皇帝，也就是自己的父亲唐玄宗李隆基，从马嵬坡向北行，兵荒马乱中，随从不足，屡次遭遇强盗，幸亏有自家老三，也就是后来的建宁王李倓亲自挑选骁勇的士兵护卫于前后，拼死保卫才得以抵达灵武。李倓这个人英明果决，雄才大略而又宅心仁厚，唐肃宗有时逾时未进食，李倓就悲伤得不得了，为军中上下所瞩目。

于是，唐肃宗便想封他为天下兵马元帅，统领诸将东征。

历史名人都是在关键时候出场的。这次出场的是李泌，他对唐肃宗说："建宁王确实是当元帅的人才；然而广平王李豫才是长兄，如果让建宁王做天下兵马元帅，最终必然建宁王战功更大，那广平王怎么办？怎么自处？难道让广平王成为第二个吴太伯吗？"

太伯是周太王长子，知道父亲喜爱弟弟季历的儿子昌，也就是后来的文王，便和弟弟仲雍逃到荆蛮地带，国号吴。

唐肃宗说："广平是嫡长子，以后的皇位继承人如何去担当元帅的重任？"

李泌说："广平王尚未正式立为太子。现在国步艰难，众人所瞩目的对象其实都在元帅身上。如果建宁王立下大功，陛下即使不想立他为继承人，但是同他一起立下汗马功劳的人肯善罢甘休吗？太宗太上皇帝就是最好的例子。"

听了这一席话，唐肃宗便任命广平王李豫为天下兵马元帅，要求诸将服从他的号令。李倓听到这件事，向李泌致谢说："这正符合我的心意。"

李豫统率朔方、安西、回纥、南蛮、大食等兵二十万进讨叛军，很快收复两京。三年后（758），李豫被立为皇太子，即后来的唐代宗。

思虑周密，就是遇到一件棘手的事，要考虑清楚它的来龙去脉，这其中最要命的环节在哪里？如何避免最坏的情形出现？如果出现意想不到的情形该如何转圜？这些都需要考虑妥当，然后去做，才能够有备无患，有条不紊。

那么，如何做事呢？

3. 处事周详

人做事在什么情况下最顺利？无心插柳柳成荫。什么时候最坎坷？有心摘花花不开。什么时候最窝囊？好心办坏事。怎么会好心办成坏事呢？就是鬼谷子说的“开闭不善，不见原也”。说好的事没做清楚，造成误解；不该做的事，做过了，引人误会；做了好事，说不清楚，招人非议。这就需要我们做事，不仅要做得好，还要做得明白。

《资治通鉴》记载了一个田单相齐的故事。

田单是挽救齐国的英雄。前面我们讲过，燕昭王设黄金台吸引了很多优秀人才，乐毅就被拜为上将军，率全国之兵，会同赵、楚、韩、魏四国之军兴师伐齐，大败齐军，连下齐国七十多座城池。这时齐国仅剩下莒和即墨两座城池未被攻下。

田单带领族人躲在即墨，守将战死，田单被城中百姓推举为城守。在他的率领下，不仅抵挡住了燕国的进攻，而且使用反间计使得新即位的燕惠王不再信任乐毅，派了骑劫来做统帅。面对傻乎乎的骑劫，田单利用火牛阵大败燕军，夺回了被燕国占领的城池，拥立齐襄王即位，成为复国的大功臣。

一次田单和齐襄王出行，路过淄水碰到一个老人涉水渡河。因为水寒，老人出水后不能行，田单便解下自己的裘衣给老人披上。

齐襄王看了心里很不是滋味，便自言自语说："田单这样做是收买人心啊。他这么做的目的是什么？莫非想要夺取我的王位吗？如果不早想办法，恐怕就要晚了。"说完这话，他看了看四周，没有人。低头一看，愣住了，脚下的岩石上站着个采珠人。

齐襄王立刻把他叫过来，问道："你听到我说什么了吗？"

采玉者坦承："都听到了。"

齐襄王又问道："你认为我该怎么做？"

采珠人说："大王不如借机会，把它变成自己的善行。"

齐襄王问："怎么做呢？"

采珠人说："您可以嘉奖田单的善行，就说：'我担心百姓挨饿，田单就把他们召集来给他们吃的；我担心百姓受冻，田单就解下皮衣给他们穿上；我关心百姓，田单也关心他们，他这样做，正是我的心意。'田单既有这些善行，而您又赞扬他，田单的善行也就变成您的善行了。"

齐襄王叹道："这就叫作好主意！"

于是，齐襄王以牛酒犒劳田单，嘉奖了他的行为。

过了几天，采珠人又去拜见齐襄王，进言说："您在上朝时应该特地召见田单，并在朝堂上加倍礼让尊敬，亲口慰问他。就此发布命令，收容饥寒交迫的百姓，供养他们。"齐襄王采纳了他的建议。

然后，齐襄王又派人到街头里巷听取百姓的议论，听见老百姓都在一起说："田单很爱护百姓，哎呀！这全是大王教导的结果啊！"

历来君臣相斗，根本原因是出于利益之争，直接原因在于彼此猜忌。田单功高盖世，他赶走燕军、复立齐国时，齐闵王已经死去十八年了，齐国人都认为田单会自立为王时，他选择了迎立流落民间的齐闵王之子田法章即位，也就是齐襄王，而自己只做了相国，显然没有自立之心。齐襄王心存戒备既正常也不正常。说正常，田单毕竟深得齐人尊重，随时可以取而代之；说不正常，田单在声望最高的时候没有自立为齐王，说明他没有野心。采玉人没有去探究这件事本身是否合理，而是采用策略改变了对这件事的定性，从而使得田单善良单纯的举动并没有引起齐襄王的嫉恨，反而得到齐襄王的表扬。

在我们生活中，很多事其实并没有那么深的背景和用心，关键是自己观察的角度发生了问题，如果换一个角度去想，看似是坏事，也许会变成好事，这就需要我们对事情的原委有一个明确的判断，有一个清晰的分析。

考虑问题，要尽量详尽细致，才能做到周全。

宋仁宗庆历年间，石介作《庆历圣德颂》，对当朝的人批评得很严厉，尤其对夏竦更是严词斥责。

不久，朝中发生党派之争，石介因罪免职回乡，后来病逝。

当时山东有个举人孔直温谋反。有人说，孔直温是石介的学生，于是，夏竦就说石介实际上没有死，是逃到辽国去了。宋仁宗一听很激动，便下诏限制石介儿子的行动，又派使者去告诉京东刺史，想要挖开石介的棺材看看。

那时候吕夷简任京东转运使，一听说这件事，马上对宋仁宗的使者说："如果打开棺材发现是空的，那表示石介果真逃到了北方，这样虽然杀了他的儿子也不为过，但其实也没多大用处；万一石介真的死了，朝廷无缘无故地去挖开他的坟墓，这要怎么对后世交代呢？又会被史官怎么书写呢？"

使者说："道理是这个道理，那我如何回复皇上的旨意呢？"

吕夷简说："石介去世后，一定有为他办理殡殓的人，内外亲族和参加丧礼的门生恐怕不下数百人，你都发公文去询问他们，如果没有不同的说法，就命令他们都写保证书，这样就可以对皇上交代了。"

使者照他的话去做，又去禀告宋仁宗。其实宋仁宗心里也明白了，这件事是夏竦在捣鬼，不能听信的诬陷之词，于是便降旨让石介的妻子儿女回乡。

在这个故事中吕夷简有两个特点：一是考虑问题很周到，石介去世，众所周知，掘墓审查的事只不过是政敌出口恶气罢了，要是挖开，证实石介确实已经去世，朝廷的脸面何在？二是抱着与人为善的态度，不参与、不支持夏竦变本加厉的报复行为，以一个官员的良知劝阻了宋仁宗。

做事周详就是把待人周到和思考周密落到实处。待人周到，是抱着与人为善的态度尊重别人，抱着乐观其成的想法成全别人；思虑周密，是用未雨绸缪的准备去面对困难，用有备无患的思考解决问题。这样，把周到用在每一天，把周密用到每件事，做事就能左右逢源，游刃有余。

可能有朋友就会说了，内外周全真不容易啊，首先要想得到，才能做得到。怎么才能看得那么清楚？想得那么明白呢？

九、洞察幽微

在鬼谷子看来，要想洞察幽微，需要有长目、飞耳、树明。前面我们曾讲过天下之目、天下之耳、天下之心，说的是做事者要有天下的大格局。而这三点如果付诸实施，则需要能够见微知著、审近知远、察内知外，在隐约处看到真相，从幽微处查明变化，未雨绸缪，在终点早早等着事情发生。那么，我们该如何做到呢，历史中有哪些故事可以让我们具体领会鬼谷子的说法呢？

《鬼谷子·符言》第八条说：

> 一曰长目，二曰飞耳，三曰树明。千里之外，隐微之中，是谓洞。天下奸，莫不暗变更。右主参。

这里的“参”，是参验的意思，也就是通过比较，再进行验证。可以说，参验是了解情况、掌握真相的必不可少的手段。《韩非子·显学》中有这样一句话：“循名实而定是非，因参验而审言辞。”说的是做事要去比较、验证，而不能偏听偏信、先入为主，这样才能明白真相，把握实质。张佩纶在《〈管子〉析疑》中也曾说过这个意思：“视于不见则目长，听于不闻则耳飞。长目飞耳，则远无所遗，近无所蔽，而明树矣。”视于不见，就是看到别人看不到的地方；听于不闻，就是听出别人听不出的声音。怎么做到这一点呢？就需要见微知著、审近知远、察内知外。

1. 见微知著

看得远，是视野开阔；看得准，是眼光独到。见微知著，用《韩非子》中的话来说，就是“见微以知萌，见端以知末”。看到一个细节，就知道全部真相；知道事情刚开始，就可能预见最后的结果。能做到这些，一是需要经验的积累，二是需要冷静地思考。

俗话说，性格决定命运，古代常常通过观察人的性情来推断其做事的结果。

三国时，荆州并归东吴以后，武陵郡的樊伷便诱导附近的百姓作乱，州都督请求以万人的兵力去讨伐他们。

孙权就召问潘濬。

潘濬说："这容易对付，五千人就足够了。"

孙权说："对樊伷这个人，你怎么这样轻视他呢？"

潘濬回答说："樊伷善于夸夸其谈，但实际上并没有什么真才实学。有一次他曾设酒宴招待州义来的官员，可是等到日至中天还没见酒饭到来，他十几次站起来观望。这也是从一个小问题上验证出他的为人。"

孙权听了马上大笑起来。随即派遣潘濬率兵出征，果然用五千兵力便斩了樊伷。

潘濬对樊伷实力的判断是基于对他性格的基本了解。一个对请客这种小事都坐不住的人，一是"浅"，即不能深思熟虑，小事做不到沉稳，大事必然缺少谋划；二是"躁"，不能心平气和，做不到正、静，缺少稳重的大将风度，自然不足为虑。

作为一个将领，可怕的是被对手轻视，更可怕的是被对手看透，但最可怕的是被看透后轻视。潘濬通过一件小事便看透了樊伷的水平，从容应对，这就是一叶知秋，一斑窥豹。

这是在看人上的见微知著。做事上的见微知著，是指遇到事，便能够很快抓住事件背后的要害所在，用最微小、最简单的措施，解开看似没有头绪的疙瘩。

唐代名相裴度任中书侍郎时，忽然有属下跑过来报告说，中书省的大印不在印盒里，不知道被谁偷走了！唐朝中央政府机关设中书、门下、尚书三省，中书省负责决策并起草诏书；门下省负责审核，有权驳回中书省的诏书，再重新拟定；如果不驳回，则需经皇帝御批，然后交由尚书省执行。当时裴度任中书侍郎，是副中书令，协助中书令管理中书省的事务。中书省的大印丢失了，这不仅是重大案件，而且是严重失职，应该立刻查办。

同僚们都急得站起身来。

而裴度呢，摆摆手示意大家坐下：“别着急，丢不了，咱们先忙自己的事。”

众人不解啊，发生了这样的大案要案，还不赶紧查？

结果半个时辰后，那小吏又来报告说：“大人，大人，印找到了，就在原处。”

大家都觉得奇怪，裴度如此镇静自若，是他知道怎么回事，还是能未卜先知？

裴度看着一脸迷茫的同事笑道：“中书省的印保管严密，不可能轻易被盗走。而且拿走也是为了借用。今日突然发现不见了，一定是省里的人悄悄拿去用了，用完就自然会放回原处。如果我们兴师动众，急于追查，那么就必须有人来承担罪名，用印的人为了逃避罪责，会将印扔进水里或者火里来毁灭证据。要那样的话，还真摊上大事了。”

在别人看来很大的事，一个人能不着急，要么是大脾气，要么是大智慧。若能举重若轻地处理，不急不躁，当然是裴度的安、徐起了决定性作用，但最关键的还是在于，他凭直觉得出大印不在印盒里，不是丢了，而是被暂时挪用了。

遇到棘手的事一般有两种解决办法：一是就事论事，即大张旗鼓、面对面地解决，这需要耗费大量的人力物力，长时间持续努力，才能标本兼治，彻底解决。二是找到问题的症结所在，从最幽微的地方下手，不兴师动众，用四两拨千斤的巧劲儿悄然解决。

宋朝时有于阗使节入朝，经过秦州。使节们不安分守法，停留了一个多月，不仅把旅舍的器具破坏了，还放纵他们的随从进入城市抢夺食物，弄得市民们连白昼都要关闭自家门户。

主管外交接待的太常少卿陈希亮听说这件事后，立刻明白了怎么回事。他说："我曾接待过契丹的使者，了解这种情况。外国使者初来乍到，并不敢耍横，之所以傲慢无礼，大都是翻译纵容的。我们与其想办法对付这些使节，不如对他们的翻译说，要是使节们不守法，那就惩治翻译，翻译就会想办法阻止使节们。"

于是他就派人找到使团，发布命令："进入了大宋国境内，如果有丝毫不遵纪守法，我就将他们的翻译处斩，再由使节拿着判决书回国复命。"

这样一来，使团所带的翻译们便不断给使节们补课，宣讲宋朝律令的严厉，告诉使团的所有成员该如何尊重宋朝的制度、法律和风俗习惯。待到使节们到了京城，都变得彬彬有礼，罗列于庭下拜见。陈希亮善加款待，再护送他们出境，始终没有一个人再闹事。

我们知道，外国使节们常常是通过翻译来了解一个国家的，翻译如果内心充满庄重之情，就会引导、提醒使节们遵守法律；如果翻译不尊重出访国，就会误导使节们胡作非为。陈希亮正是通过翻译这个窗口发布戒令给外国使节们，从一个小环节解决了大问题。

见微知著是有心，需要日常观察人性，了解世事发展的途径，才能从一个细节看到全部，也才能从一个关节解决全局性的大问题，这样便使得复杂的问题不动声色地迎刃而解。

2. 审近知远

见微知著是以小见大，审近知远说的是看着眼前的事，想到发展的必然结局。《吕氏春秋·察今》中说：

> 有道之士，贵以近知远，以今知古，以益所见，知所不见。故审堂下之阴，而知日月之行，阴阳之变；见瓶水之冰，而知天下之寒，鱼鳖之藏也；尝一脟肉，而知一镬之味，一鼎之调。

高明的人，看问题不是看表象而是看实质，不是看静态而是看动态，不是看现在而是看未来。比如说，看到树荫能联想到四季的变化，这是看得透；看到一瓶水结成冰就想到天下皆寒，这是看得远；尝一片肉就知道一锅羹汤的滋味，这是想得清。其实在这之中，既是以小见大，也是以近知远。

以小见大，以近知远，就是根据人之常情、事之常理，来对未来进行预判。管仲辅佐齐桓公改革内政，富国强兵，九合诸侯，一匡天下，使得齐桓公一举成为春秋时期著名的霸主。但不幸的是，管仲先于齐桓公去世，而齐桓公没能善终。

齐桓公没有善终，管仲在生前就料到了，而且提醒过齐桓公；齐桓公也听了管仲的话，觉得挺有道理，但却因为自己的私心、私欲，最终没有按照管仲的话去做，结果死得惨兮兮。

当年管仲临终之时，齐桓公去看望他，问管仲：

“仲父病重，有什么话要教诲我的吗？”

管仲强支病体，说：“希望您能够远离易牙、竖刁、常之巫、卫公子启方。”

齐桓公很不解：“易牙是一个大忠臣啊，他能把孩子杀了炖汤给我喝，是多么忠诚的人啊！这还能怀疑吗？”

易牙是齐桓公的司庖，也就是齐桓公的厨师长，是一个美食家。据说他把鲤鱼和羊肉调和在一起做成汤，大家都觉得味道美极了，后来就有了“鲜”这么一个字，用来形容易牙做菜的风味，后来引申为食物鲜美，让大家垂涎三尺。

有一次，齐桓公跟易牙开玩笑说：我这一辈子什么山珍海味都吃过了，但不知道人肉是什么滋味。结果易牙回到家居然把自己的孩子杀了，炖了一锅人肉汤让齐桓公品尝。

针对这件事管仲说：“爱护孩子是人之常情，虎毒不食子，易牙为了满足您的私欲，能把自己的孩子杀掉。那么他还有什么事做不出来呢？”

齐桓公又说：“竖刁为了服侍我，自己净身为宦官，这难道不是忠诚吗？”

竖刁是史料上记载最早的有名有姓的宦官，他负责掌管内侍及女宫的戒令，是齐桓公的大内总管。

管仲说：“一个人连自己的身体都不爱惜，一定有着强烈的欲望，做事不择手段。他对自己什么事都做得出来，那么，还对别人有什么做不出来的呢？”

齐桓公又问：“常之巫能够预知生死，还能够给人治好病，这类神仙一样的人也值得怀疑吗？”

管仲说：“死生由命，富贵在天，君王您应该安守本分，珍惜身体，而不应该把希望寄托在巫帅身上，如果您过分迷信这类人，他们就会有恃无恐，扰乱国家啊。”

齐桓公再问：“卫公子启方追随我十八年，这期间他父亲去世，他也不回去奔丧，对我这么忠诚，难道也要怀疑吗？”

管仲说：“先孝，才能忠，一个人的父亲去世了，他都不知道伤感，这样的人哪里懂得感恩，您用他还是要慎重啊。”

当时，齐桓公觉得管仲说得是很有道理的。

所以当管仲去世后，他把这四个人赶出了宫。但很快齐桓公就觉得吃饭没了滋味，宫室没人管理，身体有病也不敢放心去治，朝廷仪仗也不如以前整齐了。这样的日子不舒服，就渐渐觉得管仲是看错了人，临终前说的话是不对的，思来想去就对手下说："仲父真是大过失啊，没有他们，我的生活过得多么无聊！多么无趣！"

于是，又下令让四个人重新回到了身边。

不料第二年齐桓公就重病缠身，卧床不起。常之巫立刻做了一通法，目的不是去治好齐桓公的病，反而预言说："君主将在某月某日驾崩。"

顿时，易牙、竖刁、卫公子启方便有了盼头。这盼头对齐桓公来讲，简直就是致命的灾难。

这时候的易牙，别说给齐桓公做汤了，就是连口水都懒得供应了；竖刁干脆假托齐桓公的命令掌握重兵之权，下令封闭宫城的内外联系，弄得卫公子启方带着千户齐民降归了卫国；易牙、竖刁拥立公子无亏，迫使太子昭奔宋，齐国五公子因此发生内战。

最后的结果是齐桓公被活活饿死，六十七天后，寝宫蛆虫遍地，臭气熏天，方才下葬。

管仲是根据人之常情所进行的推断，一个对儿子、对自己、对父亲都没有爱心的人，怎么可能对齐桓公毫无保留地付出？这种奉献不是出于道义，而必定出于私欲。可惜的是，齐桓公虽然明白这一道理，但还是没有坚持到最后，不仅自己没有善终，而且也让齐国折腾了好几年。更具体点儿说，管仲作为春秋时期的名相，自然有一叶知秋的眼力。他在世时，齐桓公虽然也有易牙、竖刁、卫公子启方、常之巫等人，但不至于没有节制，扰乱齐国内政。但他一去世，这四人就有恃无恐，彻底把齐国搞乱得一塌糊涂。

俗话说：料生易，料死难。审近知远最高的境界是根据生前的见闻对身后事进行预判。审近知远的目的，不仅要看得清，更要看得长远，才能趋吉避凶，遇难成祥。

孙叔敖是著名的廉吏，楚庄王为了振兴楚国，三次任用孙叔敖担任令尹，他以贤能闻名于世，施教导民，吏无奸邪，盗贼不起，使得楚国一度政通人和。不仅如此，孙叔敖还辅佐楚庄王与晋国决战，成了新的霸主。

孙叔敖病重时，告诫儿子说："大王屡次要封我邑地，我都没接受，将来我死了，大王肯定会封你。但是，你一定不要接受土地肥美的地方。楚地和越地之间有一个地方叫寝丘，地方偏僻，土地贫瘠，地名又不好，楚人视之为鬼域，越人更以为不祥，但可以让子孙住得长久的却只有这个地方。"

孙叔敖死后，楚庄王果然要封给他儿子很好的地方，他的儿子不敢接受，请求寝丘。楚庄王一看这地方啊，给谁谁都不要，行啊，拿去吧，于是很痛快地把寝丘封给了孙家。

孙叔敖要求封赏寝丘之地，正是看到了历史大势。春秋之中，"弑君三十六，亡国五十二，诸侯奔走，不得保其社稷者，不可胜数"，诸侯国君的封地都不能自保，更何况老百姓的土地呢？但是，孙叔敖理解了"反者，道之动"的高妙：偏僻了，人就少；贫瘠了，人就不惦记；名字差，更没人去抢。之后几百年，那些诸侯把地都丢光了，唯独孙叔敖的子孙，到汉代还在寝丘过着丰衣足食的生活。

唐朝名相姚崇也有这种眼光，他任相三年，选贤任能、精简机构、惩治贪官，为开元盛世奠定了良好的基础，被誉为“救时宰相”。

姚崇临终时跟儿子说：“张说丞相与我不和，矛盾很深。这个人生活挥霍浪费，尤其喜欢能服用和玩赏的东西。我死以后他必以同事的身份前来吊唁，你们多拿一些我平生喜欢的珠玉器物陈列到帐前。如果他不看这些东西，你们要迅速安排家里的事情，全家人都会遭到他的迫害。但如果他注意了这些东西，你们就不用太担心，将他喜欢的东西送给他，然后请他撰写我墓碑的碑文。得到他写的碑文以后，立即就上报给皇帝，并先将石料准备好备用，尽快镌刻，并告诉张说说，这些已经过皇帝的同意。”

姚崇死后，张说果然来了，他非常注意姚崇的三四件宝物，姚崇的儿子完全按父亲嘱咐做了：送给他宝物，请他撰写碑文。

几天以后，张说就送来了写好的碑文，叙述姚崇的生平，很详细，文章写得非常好，称赞姚崇高超明智，如擎天巨柱，支撑了唐朝这个大厦不倾，岁月易逝，但政绩永存。

可是又过了几天，张说却派人来索要碑文，说词句没有考虑周密，想要拿回去修改。姚崇的儿子便让来人去观看已经刻制完成的石碑，并说这碑文已经报给了皇帝。

来人回去向张说做了报告。张说悔恨地拍着胸说："死了的姚崇还能算计活着的张说，我今天才知道自己的才能同姚崇比还差得远呢！"

张说是开元年间的大文豪，品评文苑，奖掖后进，深孚众望，但他有两个致命的缺点，一是好名，二是好利。好名者必做作，好利者必浅薄。观察一个人的过去就知道他的将来。姚崇对张说可谓知根知底，利用了他好利的特点，让他撰写碑文。文人说好，便是天花乱坠；文人说坏，便是万劫不复。张说对自己的文采很自负，把姚崇写得越优秀，越显得自己的才华横溢。既然把姚崇写得那么优秀，自己以前与姚崇作对，便是自己的不是了。而且，现在又把姚崇推崇得这么高，姚崇一死，更没法再进行报复了。

张说后来想到，但悔之晚矣，这碑文　刻，自然公之于世，报告给皇帝，那等于朝廷批准了。等张说转念想到这一层时，木已成舟，无法挽回。所以张说只能长叹自己不如姚崇了。

对人的预判来自对人性的观察，对事的预判来自对规律的把握。鬼谷子认为："天下奸，莫不暗变更"，最坏的结果也是由一点一滴量变过来的，因而要想办法防微杜渐，适时阻止事务向最坏处发展。

3. 察内知外

察内知外，是根据生活常识对一些未知之事进行判断。一个人越往前走，未知领域就越多；一个人事业做得越大，可资参照的经验就越少。这就需要有察内知外的功夫，对新出现的情况进行判断。

察内知外，一是要问自己的内心，自己对一种说法是否真信、真懂、真用。二是要看发生的事是否真的符合生活常识。

宋朝程颢任越州佥判时（佥判这个官职就是负责管理公文的收发），当时权臣蔡京的弟弟蔡卞对程颢颇为优厚。

一开始，蔡卞不断告诉程颢，说有个人叫张怀素，道术神通广大，即使是飞禽走兽也能呼唤差遣到面前。这么个神人有多大岁数呢？据张怀素自己讲，孔子杀少正卯时，他曾劝孔子杀得太早了；汉高祖和项羽之兵在成皋相持不下时，他屡次登楼观战。他自己都不知道自己现在多大的岁数，因为自己大概不是世间的凡人了。

程颢听了一笑置之。

后来程颢去四明山时张怀素正好也要去，便示意程颢稍候，两人同行。

程颢没有理他，自己独自前行。

很多崇拜张怀素的人问程颢：这么个大师，为什么您不去结交呢？张大师留着机会给您哪！

程颢说："孔子不谈怪、力、乱、神之事，因为不适合教诲弟子。怀素所作所为，也接近神怪的迹象，各级官员器重他，士大夫又逢迎他，老百姓也跟着附和。他到处宣扬自己的神灵，几乎就是传说中的神仙。我没见过真有道术的人，但听说过有道术的真神仙，最怕俗人知道，最怕别人见到。张神仙这样的人，不结交，未必是件坏事。”

二十年后，张怀素因为利用占卜、鼓吹妖异谋反而东窗事发，为了求生便供出了一大批与他有关系的名人，想通过“坦白从宽”减轻罪罚。有人借机牵连程颢，却因为找不到一点儿关联而作罢。如果不是因为程颢察内知外，早看出了张怀素居心叵测，就不免被人陷害了。

程颢生活在宋朝，而孔子杀少正卯是在孔子任鲁国司寇时，前后相距一千多年；按照常识推断，张怀素如此自称，好听一点儿是在吹牛，严肃一点儿说是在撒谎，以此类谎言交结权贵，必有不可告人的目的。程颢选择了置之不理，既不随声附和，也不刻意反驳，从而避免了因之而来的祸患。

程颢能做到这一点，一是心静，心中既没有鬼，何必要找神仙帮忙？心中没有邪念，何必要结识权贵？心静八风不侵，心安百毒不动。二是清醒，无缘无故的实惠就是受骗的开始，天上掉下个神仙来度自己，很多官员之所以心动着去追随，不是想好好学习，而是想投机取巧，保佑自己升官发财。张怀素正是利用大家这个心理，故弄玄虚，吸引了一批投机者。

张怀素案是北宋后期的一个大案，宋徽宗处理时，凡是与他有牵连的人都严惩不贷。其中有个人叫吕渊，就因为听到张怀素的话却没有揭发，被发配沙门岛。他的父亲是吕惠卿，曾接替王安石做过参知政事，张怀素案发时，从杭州知府一下子被贬谪为祁州团练副使。

吕惠卿这个人曾是王安石的学生，也是王安石培养的接班人，但关键时刻背叛了王安石，《宋史》把他列入《奸臣传》。问题在于，吕惠卿被大家视为真小人，司马光说他“险巧”，吕公著说他“奸邪”，连王安石的弟弟王安国也“以佞人目惠卿”，唯独王安石很信任他，原因在于他处处迎合王安石，让王安石觉得他是真心实意的忠诚。

王安石的倒霉就倒在没有看透吕惠卿上，即便是他变法的反对者司马光，也写信提醒王安石：“谄谀之士，于公今日诚有顺适之快，一旦失势，将必卖公自售矣。”意思是：凡是谄媚的人，一味顺着你的人，是敬畏你的权势，而不是敬畏你的人，更不是支持你的事，一旦有一天你失势，第一个要毁你的人便是原先对你最为谄媚的人。

王安石不信，仍然一路提携吕惠卿。

熙宁七年（1074）四月，王安石迫于压力罢相，出知江宁府。罢相之前，王安石向宋神宗推荐吕惠卿为参知政事，宋神宗诏命韩绛为宰相，吕惠卿为参政知事。

富弼听说后，十分忧虑，去见邵雍。

邵雍就问：“难道因为吕惠卿推行新法，会比王安石还要峻急吗?”

富弼说：“是的。”

邵雍说："不必忧虑，王安石与吕惠卿本来是因权势名利相结合，如今权势名利起了冲突，彼此间互相仇恨都来不及了，哪有时间害别人？"

不出大家所料，吕惠卿果然背叛了王安石。《宋史·奸臣传》记载说："惠卿既叛安石，凡可以害王氏者无不为。"一旦权势在手，立刻想尽办法害自己的老师、恩公，只要能下得了手的立刻下，下不了手的也找碴儿下。

宰相韩绛看不能控制吕惠卿，便请求再次起用王安石。没想到，吕惠卿居然阻止起用王安石，他给出的的理由是，"尽弃所学，隆尚纵横之末数，方命矫令，罔上要君"，就是说王安石这个人背弃了儒家传统，用阴谋诡计来欺骗皇上、架空皇上。这罪名够狠、够绝吧。

邵雍对吕惠卿的判断是基于对事理的理解。《鬼谷子·谋篇》中说：

同情而相亲者，其俱成者也；同欲而相疏者，其偏成者也；同恶而相亲者，其俱害者也；同恶而相疏者，其偏害者也。故相益则亲，相损则疏，其数行也，此所以察异同之分。

意思是说，情投意合而又关系亲密的人一同谋事，大家都可以成功；欲望相同而关系疏远的人，必定一方受到损害；凡是恶习相同而关系亲密的人，一定是共同受害；凡是恶习相同而又关系疏远的人，一部分人受到损害。王安石和吕惠卿都是有能力的人，他们两个在变法的初期能够相互支持，相互鼓励，为新法推行密切合作。但王安石变法本是出于公心，而吕惠卿参与变法却是为了升官发财。王安石此时有权势，而吕惠卿要名利，二人最后必然分道扬镳。

古人说众口铄金，现在我们说大家的眼睛是雪亮的。吕惠卿的奸诈权变引起了朝廷同僚的公愤。宋哲宗绍圣年间，在群臣的舆论压力下，宋哲宗决定把吕惠卿调离京城，出任大名府知府。

监察御史常安民知道，吕惠卿这个人什么事都能做得出来，只是怕事久生变，又被留在朝中，就希望他尽快就任，免得夜长梦多。他就对宋哲宗说："大名府是北都重镇，如今委派由吕惠卿去管理，事不宜迟；而且吕惠卿天性阴险，背叛王安石的事陛下都知道了。他进宫拜见陛下，一定会哭着大谈他和先帝的关系，借以感动陛下，恳请陛下把他留在京师。希望陛下明白这是他的计策。"

果然，等吕惠卿回到京师时，请求晋见宋哲宗，谈起先帝的事，痛哭流涕，依依不舍。因为宋哲宗有了常安民的提醒，便觉得这一丑态不仅可恶，而且可恨，不予理会，吕惠卿哭了半天，看到的仍是宋哲宗冷冰冰的脸，只得离开京师。

察内知外，一是要问自己的内心有没有邪念、杂念，没有就不会轻易受到诱惑而上当；二是看看事情是否符合常理。谣言止于智者，关键是智者必须心静心安，程颢心如止水，故而能抵得住诱惑。邵雍对吕惠卿的判断是看到了因利而交的关系不长远："以利相交，利尽则散；以势相交，势去则倾；以权相交，权失则弃；唯以心相交，方成其久远。”常安民对宋哲宗的提醒也在于他知道吕惠卿的小人之态，提前给宋哲宗打了预防针，使得他的小伎俩没有能够发挥作用。

说到这里，我们很为王安石叹息，他试图变法图强以实现北宋的中兴，但他最大的失误在于用了奸邪刻薄之人，变法不好，用了好人，好人办坏事，再坏也坏不到哪儿去。变法再好，用了坏人，坏人办好事，再好也好不到哪儿去。王安石晚年退居金陵，回想往事，往往书写“福建子”三字，深悔自己用人不察、用人不明、用人不准，不仅毁了自己的梦想，也毁了北宋复兴的唯一机会。

那么怎么发现人才？怎么使用人才？怎么培养人才呢？

十、循名责实

《论语·子路》中说：“名不正则言不顺，言不顺则事不成。”名分不正，说起话来就不顺当合理；说话不顺当合理，事情就办不成。孔子强调的是名实相符，言行一致。所谓“名”，小而言之，指的是姓名、名字；中而言之指的是称号、名号；大而言之，指的是名誉、名声。所谓“实”是客观事实。我们将两者合起来说，“循名责实”就是考核称号、名声与事实是否相符，名实相符与不符，产生出的效果肯定是不同的，甚至可能是完全相反的，或者是背道而驰的。《鬼谷子·符言》将“循名责实”作为立身法则的最后一条，正是告诫弟子，要想做成事业，就要善于辨析名实关系，要学会实事求是地考核一个人的实际能力，知人善任，才能让一个团队更有凝聚力、更有执行力。那么什么是循名责实呢？如何通过考察实际来确定一个人的品行和能力呢？

《鬼谷子·符言》第九条讲得很清楚：

> 循名而为，实安而完；名实相生，反相为情；故曰：名当则生于实，实生于理，理生于名实之德，德生于和，和生于当。右主名。

这段话讲了三层意思：一要做到知人善任。大家都觉得某人做事做得最好，那就要给予这个人提拔和重用，实现实至名归。但如果任命了没有做事能力的人，名不符实，那就是任命中有私情，最后必然会惹出麻烦。二要做到名正言顺。职务便是责任，通过授予职务、赋予责任是用人的基本法则。三要做到名实相生。通过考核检查名实，有名无实的人，要撤销其名；有实无名的人，要补上其名；有名有实的人，要重点使用。我们只有清晰地认识到名实之间的关系，才能实现以名订实、循名责实。所以说，名与实是选人的准绳。

1. 知人善任

最好的管理法则便是知人善任。知人，就是通过观察一个人的行为来准确判断其德行、性情等。我们常说，了解一个人难，了解一个人后能合理使用更难。宋太祖赵匡胤能够黄袍加身，是知人善任的功夫做到了家：

一能不拘一格发现人才，用人不问资历。赵匡胤能够迅速形成一个执行力很强的团队，在于他随时留心注意着内外百官，见谁有什么特别的长处和才能还都暗暗地记在一个本子上。这样，每当有哪个官位出缺了，他就可以翻阅本子，以此选用适当的人去担任。

二能不记私仇辨识人才，用公道人，办公道事。当年赵匡胤率军攻下滁州，周世宗命令窦仪抄录了所有国库的收藏。几天之后，赵匡胤命令侍从去取公库的绢，窦仪说："主公刚攻下这座城时，想取走所有的收藏谁敢说不可以？但现在既然已造册记录，就是官府的财物了，没有皇上的诏令是不可擅自取出的。"

赵匡胤碰了一鼻子灰，不但没生气，反而很高兴，觉得见识到了窦仪的操守。他称帝后还任用窦仪为工部尚书，判大理寺事，让有操守、忠于职守的人负责建造、督办案件。

还有个类似的故事。当年赵匡胤发动兵变，在众人拥戴之下，军队开至陈桥门，守门的将军拒绝开门，没有办法，他只好转道封邱门。守卫封邱门的将军不是赵匡胤的人却望风而降。宋太祖即位后，为了表彰名节，将守封邱门的将军立即斩首而提拔了守陈桥门的将军，以嘉奖他忠于职守。

在赵匡胤的政变中，后周官员举兵反抗的唯有副都指挥使韩通，被先期杀入京师的王彦升杀死。赵匡胤即位后，将这位唯一敢于反抗自己的人追封为中书令，“命以厚礼葬之”。而杀了韩通的王彦升，不仅没有得到赏赐，反而被赵匡胤定为“终身不予节钺”，不让他承担指挥军队的大任。

三能不加怀疑重用人才，疑人不用，用人不疑。赵匡胤重用的曹彬最初只不过是周世宗身边的侍吏，掌管茶酒的事。

一天，赵匡胤向他要酒，曹彬说：“这是公家的酒，不可以给你。”

赵匡胤愣住了，自己是禁卫军将领，蹭点儿酒喝就这么难？

曹彬说道：“赵将军，你要喝酒，我自己买酒请您喝，公私兼顾。”

曹彬为人不谄谀，不趋炎附势。后来赵匡胤升任禁军统帅后，曹彬与他的交往反而少了起来，没有公事绝不进他的府门，对他的邀请宴会也绝少参加。赵匡胤对此有所不解，却赞赏他的人品。一次，赵匡胤与曹彬谈话，聊起了往事，问：“我在周为将时，朝中的官员我最想结交的就是你，你为何要故意疏远我呢？”

曹彬回答说：“臣为周室近亲，复忝内职，靖恭守位，犹恐获过，怎么敢随便交结人呢？”

赵匡胤笑道："世宗即位之后，你还算什么周室近亲呢？"

曹彬神色从容，道："虽不是周室近亲，但同在一朝奉职，何用结交？"

赵匡胤即位后便对群臣说："世宗身边的官吏不欺主瞒上的只有曹彬一人。"

正是对曹彬德行的肯定使得赵匡胤对曹彬信任有加。后来曹彬率潘美、曹翰收江南，赵匡胤的诏书这么说：

> 江南之事，一以委卿，切勿暴掠生民，务广威信，使自归顺，不烦急击也。……城陷之日，慎勿杀戮。设若困斗，则李煜一门，不可加害。

曹彬实乃儒将，而潘美、曹翰皆桀悍之武将，赵匡胤唯恐曹彬不能制住二人，便赐这一手谕，任由曹彬调兵遣将，不加过问。曹彬持尚方宝剑率兵围困金陵三月，逼李后主肉袒出降。

总结说来，赵匡胤重用为坚持原则宁肯得罪自己人的曹彬的原因，在于他知道能忠诚于职务的人本身便保有忠贞的心志；这样的人若能为自己所用，必然要比见风使舵的小人堪以托付大任。知人善任就是要能够不计前嫌、不拘一格、不加怀疑地用人，把合适的人尽快提拔到合适的岗位上，这样很快就能聚拢一批真正做事的人、一批真正做正事的人。

2. 名副其实

《鬼谷子·符言》说"名当生则于实，实生于理"，名就是名声，实就是实际，在现实中，有名有实当然要重用，但有些人有名无实，有些人有实无名，有些人无名无实，这个时候就要想办法让他们名副其实，这方面做得最好的是诸葛亮，他能够在战乱之中为蜀国聚拢一批人才，正在与他能够处理好名与实的辩证关系，实现人尽其才，才尽其用。他具体是怎么做的呢？

一是遇到名人要礼遇。有的时候名人是有名无实的人。许靖本是刘璋的手下，法正就认为许靖是“获虚誉而无其实者”。但刘备入蜀后，先后封其为左将军长史、太傅和司徒。其实按照许靖的才学并不足以当此重任。那么，为什么要用呢？这是诸葛亮的主意，他对刘备进谏道：“靖人望，不可失也，借其名以竦动宇内。”许靖名气很大，与魏国名士陈纪、袁涣、华歆、王朗关系又好，诸葛亮本人也“皆为之拜”。刘备刚刚入蜀，许靖又是名声在外，如果不加以礼遇，大家都会心凉，莫不如把他当成郭隗，就像燕昭王一样吸引到天下的贤才。

二是遇到牛人要善待。牛人是有实有名的人。三国时期牛人辈出，孙策、吕布、关羽、周瑜都是一个比一个牛，但坚持到最后的是魏延。魏延的特点与关羽很像，首先性情矜高，当时皆避下之，自己也觉得自己牛；其次善养士卒，能善待手下的人，非常有执行力，更能够独当一面。诸葛亮驻汉中时便让魏延督前部，领丞相司马、凉州刺史；带兵南征时，又让魏延入羌中担任前军师、征西大将军；而北伐时出北谷口则让魏延为前锋，担任攻城夺寨的使命。

与魏延相得益彰的是杨仪。他思路清晰，只是性格狷狭，建兴三年（225），诸葛亮便提升其为参军，随诸葛亮南征北伐，军戎节度，皆交杨仪督办。魏延、杨仪一直是诸葛亮的左膀右臂，诸葛亮也把杨仪的才干和魏延的骁勇发挥到了极致。

三是遇到能人要提拔。能人是有实无名的人。管理者应该善于在工作中发现有真本事、有大本事的人，然后加以提拔使用，才能源源不断地培养出人才，让事业后继有人。

蒋琬随刘备入蜀后被任用为广都县令。但蒋琬到了广都，没事就喝酒，不怎么处理政务，刘备听到下人报告后很是生气。诸葛亮就劝他："蒋琬，社稷之器，非百里之才也。其为政以安民为本，不以修饰为先，愿主公重加察之。"说蒋琬这个人是国家的栋梁之材，不能用一个县长的标准要求他。他处不处理政务并不重要，关键要看广都的老百姓过得好不好，如果百姓安居乐业，那他天天喝醉酒又何妨？结果一去调查，人家不是不处理政务，而是县里井井有条，没有多少政务可以处理。

还有一个人叫何祗。最初做的是督军从事，也是整天"游戏放纵，不勤所职"。诸葛亮听说后突然亲自考察何祗的工作。结果一考核，人家社情民意，对答如流，毫不迟疑。诸葛亮意识到了：不是何祗喜欢玩儿，是给他的事儿太少了，人家稍微动动脑子，全都解决了。那怎么办？提拔！提拔！再提拔！立刻任命何祗为成都县令。结果发现，人家还是毫不费力就治理好了。那就再增加一个县，顺便把旁边郫县县令的职位也兼任了吧。何祗又干得绰绰有余。那就继续升职，担任汶山太守，也把汶山治理得井井有条，让老百姓心服口服。后来何祗又担任了广汉太守、犍为太守，成为蜀国的模范太守。

四是遇到好人要培养。好人就是无名无实，但德行很好的人，那就要培养着用。诸葛亮用王平就是如此。王平原本是魏军将领徐晃的副将，因受徐晃排挤而投奔刘备。最初任牙门将、裨将军。

王平文化水平很一般，《三国志》记载他"手不能书，其所识不过十字"，但他常听别人讲《史记》《汉书》，听完便能理解其中的关键意思。街亭之战中，他任马谡的参军，多次劝阻过马谡要遵守诸葛亮的叮嘱，要当道屯兵。马谡不听，结果酿成街亭大败。但王平的部署却能"鸣鼓自持"，安全撤回。这次战役众将均受到处罚，唯独王平能"加拜参军，统五部兼当营事，进位讨寇将军，封亭侯"。在诸葛亮去世后，王平还协助吴懿驻扎在汉中，兼任了汉中太守，后来担任镇北大将军，使得汉中从一个兵家必争的战场变成了一个男耕女织、欣欣向荣的地方。

诸葛亮的管理法则归结起来就是循名责实。礼遇有名无实的人，善用有名有实的人，提拔有实无名的人，培养无名无实的好人。其实也就是：说得好的，试着用；做得好的，放心用；认真做的，教着用。让大家都在合适的工作岗位上发挥能量，使得每一个人都能做到名副其实，一个团队的凝聚力就形成了。

3. 名实相生

在《鬼谷子》中还有“理生于名实之德，德生于和，和生于当。”这里说的“名实之德”，就是要做到实至名归。有一份能力，就给你一份责任；有一份贡献，就给你一份荣誉，责任是职务，荣誉是奖励，职务和名声是对做事者的肯定，不能随便地、轻易地授予，一定要与责任、贡献相辅相成。鬼谷子在这里告诫弟子：若能实现职务和能力挂钩、贡献与荣誉挂钩，名和实便会相互促进，便会让一个团队进入正循环中，良性发展。

曾国藩能够在一无经费、二无军队的情况下锻炼出一支有战斗力的湘军，在于他意识到“成大事者，以多得助手为第一要义”。他曾总结说：“吾辈所慎之又慎者，只在用人二字上，此外竟无可着力之处”，循名责实地使用人才，是曾国藩用人的基本策略。

那么，怎么使用呢？

一是实至名归地笼络人才。实至名归，就是有了能力，一定要给予名分大胆使用。彭玉麟最初在衡阳绿营副将的手下只任过一段掌书记，后来辞职，去给一个叫杨子春的好朋友经管商铺。咸丰二年（1852），耒阳暴乱，守城官募兵无以应，彭玉麟当机立断，拿出商铺库存招募勇士守城，很快就稳定了耒阳。事后，城官要把彭玉麟保为绿营把总，彭玉麟一笑置之。

曾国藩回乡筹办团练听说了这件事，立刻留意起来。尤其是后来还得知彭玉麟熟读《公瑾水战法》，马上决定引进人才。但几次派人去请，彭玉麟总是婉言推辞，并不受命。曾国藩便仿效刘备三顾茅庐，亲往彭玉麟处相请，温言相劝，多方激励，方请得彭玉麟出山，做了水师统帅，并自领一营。

彭玉麟为了提高水军的战斗力，严肃军纪。他上任的第一件事便是劾罢营哨官百八十二人。彭玉麟常乘坐一条插着红旗的快艇，巡视各处，来去如风，常常突然袭击，督查营中“三不准”规定——不准斗殴、不准赌博、不准抽鸦片，如有违者，轻则笞杖数十，重则人头落地。经过这样训练出来的军队，极富战斗力。湘军与太平军作战，陆战胜率很低，而水战胜率则超过七成，可以说是彭玉麟训练的水军起了关键作用。后来清政府也发现了彭玉麟的长处，任命他为水师提督，复授兵部左侍郎。彭玉麟又担任长江巡阅使，每年巡视长江水师一次，实为“得专杀戮，先斩后奏”的钦差大臣，后来任兵部尚书。中法战争爆发后，彭玉麟赴广东办理防务，率老将冯子材抗击法军，在镇南关、谅山一战，大获全胜。

彭玉麟这个人，做事不要官，做官不要钱，打仗不要命，是难得的人才。那他既然是人才，曾国藩就要笼络到帐下加以重用，不断提升职务，使之充分发挥才能。

二是名归实至地培养人才。有现成的人才，那就引进来用；没有现成的人才，那就培养着用。看好一个人就要千方百计去加压、去调教、去督导，使之不断成长。曾国藩对待李鸿章便是竭尽全力地培养。

李家和曾家算是世交，李鸿章的父亲李文安与曾国藩同是戊戌年（1838）进士，算是有“同年”之谊。道光二十四年（1844），李鸿章第一次科考失败后就和大哥李瀚章以“年家子”身份入曾国藩门下学习八股文、试帖诗和“义理经世之学”，按照曾国藩义理、考据、辞章、经济的标准编校《经史百家杂钞》。

曾国藩组建湘军后，李瀚章进入曾国藩幕府襄办湘军粮台。后来李鸿章也曾回安徽办团练，多次作战，但都没有能够站稳脚跟。

咸丰八年（1858）冬，李鸿章投曾国藩幕府襄办营务，负责起草文书。他生活散漫，晚睡晚起。而曾国藩却是生活极有规律的人，每天很早就起床查营，黎明时分与幕僚共进早餐，或谈一天工作安排，或随意谈天说地。李鸿章的德行引起曾国藩的不满，他严厉教训李鸿章：“少荃，既入我幕，我有言相告，此处所尚惟一诚字而已。”说罢拂袖而去，吓得李鸿章惊悚了好久。

李鸿章才华横溢，但缺少约束，曾国藩通过这一番训斥提醒李鸿章，一个连自己生活习惯都改不了的人，修身都修不好的人，怎么能治国平天下呢？因而对李鸿章要求格外严格，尽力雕琢，养成了李鸿章自律的好习惯。多年后李鸿章还回忆说：“在营中时，我老师总要等我辈大家同时吃饭；饭罢后，即围坐谈论，证经论史，娓娓不倦，都是于学问经济有益实用的话。吃一顿饭，胜过上一回课。”

有一次，李鸿章带了三个手下去见曾国藩。曾国藩在外散步，三人就在厅外等候。曾国藩回来，李鸿章说明来意请曾国藩考察那三个人。

曾国藩说："刚才路过门厅，我已经看出来了：面向厅门、站在左边的那位，是个忠厚人，办事小心，让人放心，可派他做后勤供应一类的工作；中间那位，是个阳奉阴违、两面三刀的人，不值得信任，只宜分派一些无足轻重的工作，担不得大任；右边那位是个将才，可独当一面，将来作为不小，应予重用。"

李鸿章大吃一惊，老师您是怎么看出来的？

曾国藩说："左边那个低头不敢仰视，是位老实、小心谨慎的人；中间那位表面恭恭敬敬，可等我走过之后，就左顾右盼，是个阳奉阴违的人；右边那位始终挺拔而立，如一根栋梁，双目正视前方，不卑不亢，是一位将才。"

曾国藩不仅严格要求李鸿章，还把自己识人用人的秘籍传给了李鸿章。这位受曾国藩赞赏的将军便是刘铭传，此后受到李鸿章重用，由千总、都司，很快提升为总兵，二十九岁就擢升为直隶提督，成为淮军名将，后来出任台湾首任巡抚。

三是名实相副地使用人才。曾国藩不仅选用将才，在行军作战之余还留心其他领域的人才，通过历练将他们安排到合适的岗位上，为晚清选用了一批有真才实学的人。

涂宗瀛出身贫寒，但努力苦读。江南动荡后，商办团练，建立社仓。曾国藩听说后，利用他回家探亲的机会邀请他担任"留营办理谷米局事务”，就是担任湘军军需官，发现他“践履笃实，治官事如家事”，保奏涂宗瀛任直隶知州。

沈葆桢最初也在原籍办团练，咸丰十一年（1861），曾国藩请他赴安庆大营，委以重用。不久，推荐他出任江西巡抚，后接替左宗棠任福建船政大臣，主办福州船政局。

薛福成响应曾国藩的招贤榜，写下八大对策、洋洋万言的《上曾侯书》，曾国藩读罢，击节称叹，尤其赞同他的改科举、裁绿营、师夷法等主张，立刻聘请薛福成入幕。在跟随曾国藩的七年间，薛福成先后协办兵事、饷事、吏事、文事，深得曾国藩器重，被保为候补同知、直隶州知州，成为晚清重要的外交家。

莫友芝从道光二十七年（1847）便客居曾国藩幕府，替曾国藩收购江南遗书，后曾国藩设立江南官书局，请他担任校勘经史之职。同治四年（1865）出任金陵书局总编校，同治九年（1870）出任扬州书局主校刊，成为晚清著名的金石学家、目录学家。

程鸿诏，精通治术、历法、军事、医学，曾任河北省鸡泽县教谕，循循善诱，深得读书人的敬重。曾国藩听说后，请入幕府加以使用，发现他确实是一位博览古今的通才，后官至按察使、山东补用道员。

张裕钊在科举考试时，曾国藩就发现他的文章很有唐宋八大家之一曾巩的风格，非常欣赏。后来，张裕钊因看不惯官场腐败，辞官回乡，任武昌勺庭书院主讲。曾国藩进兵湖北后，听说张裕钊人在湖北，立刻召见让他参办文案。曾国藩多次想提携他，但张裕钊绝意仕途，致力于教育，先后主讲于江宁凤池书院、保定莲池书院、武昌江汉书院、襄阳鹿门书院等地，培养出范当世、张謇、朱铭盘等教育家、实业家、书法家。

除此之外，还有外交家郭嵩焘、黎庶昌，数学家李善兰，翻译家华蘅芳，科学家徐寿、徐建寅父子等人，都曾在曾国藩手下工作，各有所长，被曾国藩委任到不同的岗位，成为晚清的著名人物。

《鬼谷子·符言》最后讲的“主名”就是告诫弟子要辨析名与实的关系，做到知人善任，有名的要考察其实，才不会让欺世盗名的人混进团队；有实的要给予名分，才能够让有真才实学的人进入团队；有名有实的人要重点使用，才能让优秀卓越后继有人。名和实既是管理团队的策略，也是发展团队的基础，处理好了名与实的关系，就能调动团队成员的积极性，团队的执行力就能立刻提升。

总之，《鬼谷子·符言》所列的九条立身法则，一是用来告诫弟子如何观察一个国君、一个诸侯能否做成事，能否做大事；二是提醒弟子要做点事、做成点事应该具备什么样的素养。我们逐字逐句进行解读，并联系古代的案例进行分析，希望能够让朋友们了解做人的基本修养、做事的基本法则和管理的基本规律，让自己的发展更加积极，让梦想的实现更快捷。

《鬼谷子》译注

根据西汉司马迁的记载，鬼谷子是一位隐士，苏秦、张仪曾跟随他学习。《史记·苏秦列传》说："苏秦者，东周雒阳人也，东事师于齐，而习之于鬼谷先生。"《史记·张仪列传》也说："张仪者，魏人也。始尝与苏秦俱事鬼谷先生。"扬雄《法言·渊骞》也说："仪、秦学乎鬼谷术，而习乎纵横言。"《论衡·明雩》："苏秦、张仪悲说坑中，鬼谷先生泣下沾襟。"《史记集解》："徐广曰：颍川阳城有鬼谷，盖是其人所居，因为号。裴骃案：《风俗通义》曰"鬼谷先生，六国时从横家。"《史记索隐》："按：鬼谷，地名也。扶风池阳、颍川阳城并有鬼谷墟，盖是其人所居，因为号。又乐壹注《鬼谷子》书云'苏秦欲神秘其道，故假名鬼谷'。"

可以认定：鬼谷子无姓名里族，或以为姓王名诩，春秋时人。常入云梦山采药修道。因隐居清溪之鬼谷，故自称鬼谷先生。长于养性治身，苏秦张仪师之，受“捭阖”之术十三章；晚乃益出七术，为纵横家之鼻祖，苏秦与张仪为其弟子。

《鬼谷子》一书最早见于《隋书·经籍志》：“《鬼谷子》三卷，皇甫谧注。鬼谷子，楚人也，周世隐于鬼谷。”另有“《鬼谷先生占气》一卷”。唐代柳宗元就开始怀疑《鬼谷子》，他在《辩鬼谷子》中说：“汉时刘向、班固录书，无《鬼谷子》，《鬼谷子》后出。”明代宋濂在《诸子辩》中对此书进行了辨析：“《鬼谷子》三卷，鬼谷子撰。一名《玄微子》。鬼谷子无姓名里居，战国时隐颍川阳城之鬼谷，故以为号。或曰王誗（或云王诩）者，妄也。长于养性治身，苏秦、张仪师之，受《捭》《阖》之术十三章，又受《转丸》《胠箧》及《本经》《持枢》《中经》三篇。《转丸》《胠箧》今亡。梁陶宏景注。刘向、班固录书无《鬼谷子》，《隋志》始有之，列于纵横家。《唐志》以为苏秦之书。大抵其书皆捭阖、钩钳、揣摩之术。”清人姚际恒《古今伪书考》以为伪书。

然而清末俞樾的《鬼谷子真伪考》言《鬼谷子》流行于西汉之前：一则刘向曾经引用，二则《淮南子》中"'忤合'之言四五见"，三则司马迁《太史公自序》引用，四则扬雄《法言》提及鬼谷及其学术，五则《汉书·杜业传》引用《鬼谷子》词语。认为《鬼谷子》不见著录，非不存也。司马迁《太史公自序》："故曰'圣人不朽，时变是守。虚者道之常也，因者君之纲'也。"《史记索隐》："'故曰圣人不朽'至'因者君之纲'，此出《鬼谷子》，迁引之以成其章，故称'故曰'也。"司马迁不标出处，而今本《鬼谷子》存之，说明汉初已经成书。而且刘向《说苑·善说》引《鬼谷子》："人之不善而能矫之者，难矣！说之不行，言之不从者，其辩之不明也。既明而不行者，持之不固也。既固而不行者，未中其心之所善也。辩之明之，持之固之，又中其人之所善，其言神而珍，白而分，能入于人之心，如此而说不行者，天下未尝闻也。"是论今本不存，若魏晋人造假，何以知司马迁为《鬼谷子》引文，而不录刘向引文？可见《鬼谷子》在两汉间已经流传。

《鬼谷子》阐述了战国纵横家所崇尚的权谋策略和言谈辩论技巧，指导思想与后世流传的仁义道德大相径庭，因而常受人诋毁。今天阅读，仍要仔细辨析其中的阴谋诡道，不可太过。然在战国时期，这些纵横游说之术是很实用的。苏秦凭其三寸不烂之舌合纵六国，同时佩六国相印，统领六国共同抗秦，显赫一时。张仪能将六国合纵一一瓦解，为秦统一六国立下不朽功劳。或许他们正受益于鬼谷子的教诲，悟到了游说之术的精髓。

今本《鬼谷子》分上、中、下三卷。上卷含《捭阖》《反应》《内楗》《抵巇》四篇，中卷含《飞钳》《忤合》《揣篇》《摩篇》《权篇》《谋篇》《决篇》《符言》八篇，以阴阳捭阖为基础，说的是各种谋略权术的使用，颇适用于竞争环境。另有《转丸》《胠乱》二篇，亡佚已久。下卷含《本经阴符术》《持枢》《中经》三篇，说的是如何修炼自身，养神蓄锐，是前面游说之术的基础，如《本经阴符七术》述盛神、养志、实意、分威、散势、转圆、损兑等，其中自我修炼的方法，至今仍有参考价值。

自《隋书·经籍志》后，《旧唐书·经籍志》《新唐书·艺文志》《宋史·艺文志》《通志·艺文略》《文献通考·经籍志》皆著录。其版本主要有正统道藏本、子汇本、十二子本、百家全书本、四库全书本、四部丛刊本、丛书集成本等。本书以四部丛刊本为底本，参考四库全书本而注。

捭阖[1]第一

【题解】“捭阖”的本义是开合，本篇将“开合”作为事物发展的普遍规律，将之与阴阳学说结合起来，作为游说的基本方法。“开”为阳，就是启发诱导对方发言，了解对方的意志、才能、兴趣、爱好，以探测对方的真实意图，提高游说的针对性。“合”为阴，既包括闭藏自己的主见，沉默不言，沉着应对，寻找时机，也包括使对方不得不收起个人意见，从而接受我方的意见。

【原文】

粤若稽古[2]，圣人之在天地间也，为众生之先[3]。观阴阳之开阖以命物[4]，知存亡之门户[5]，筹策[6]万类之终始，达人心之理，见变化之朕[7]焉，而守司其门户。故圣人之在天下也，自古至今，其道一也。

变化无穷，各有所归[8]。或阴或阳，或柔或刚，或开或闭，或弛或张。是故圣人一守司其门户，审察其所先后，度权量能，校其伎巧短长。

夫贤不肖、智愚、勇怯，有差，乃可捭，乃可阖；乃可进，乃可退；乃可贱，乃可贵，无为以牧[9]之。审定有无与其实虚[10]，随其嗜欲以见其志意。微排其所言而捭反之，以求其实，实得其指[11]；阖而捭之[12]，以求其利[13]。

或开而示之，或阖而闭[14]之。开而示之者，同其情也；阖而闭之者，异其诚也。可与不可，明审其计谋，以原[15]其同异。离合有守[16]，先从其志。即欲捭之贵周[17]，即欲阖之贵密。周密之贵微[18]，而与道相追[19]。

捭之者，料其情[20]也；阖之者，结[21]其诚也。皆见其权衡轻重，乃为之度数，圣人因而为之虑。其不中权衡度数，圣人因而自为之虑。

故捭者，或捭而出之，或捭而纳[22]之；阖者，或阖而取之，或阖而去之。捭阖者，天地之道。捭阖者，以变动阴阳，四时开闭，以化万物，纵横反出反覆反忤[23]，必由此矣。

捭阖者，道之大化，说之变也；必豫审[24]其变化。吉凶大命系焉。口者，心之门户也；心者，神之主也。志意、喜欲、思虑、智谋，此皆由门户出入，故关之以捭阖，制之以出入。

捭之者，开也、言也、阳也；阖之者，闭也、谋也、阴也。阴阳其和，终始其义[25]。故言长生、安乐、富贵、尊荣、显名、爱好、财利、得意、喜欲，为阳，曰“始”。故言死亡、忧患、贫贱、苦辱、弃损、亡利、失意、有害、刑戮、诛罚，为阴，曰

"终"。诸言[26]法阳之类者，皆曰"始"，言善以始其事；诸言法阴之类者，皆曰"终"，言恶以终其谋。

捭阖之道，以阴阳试之[27]。故与阳言者，依崇高，与阴言者依卑小。以下求小，以高求大。由此言之，无所不出，无所不入，无所不可。可以说人，可以说家，可以说国，可以说天下。为小无内，为大无外。益损、去就、倍反，皆以阴阳御其事。

阳动而行，阴止而藏，阳动而出，阴随而入。阳还终始，阴极反阳[28]。以阳动者，德相生也；以阴静者，形相成也。以阳求阴，苞以德也；以阴结阳，施以力也；阴阳相求，由捭阖也。此天地阴阳之道，而说人之法也，为万事之先，是谓"圆方之门户"。

【注释】

[1] 捭阖：开放封闭。

[2] 粤若稽古：粤，语助词；若，顺；稽，考察。

[3] 先：先知。

[4] 命物：辨别事物。

[5] 存亡之门户：生死的途径。

[6] 筹策：计算策划。

[7] 朕：指征兆、迹象。

[8] 归：归宿。

[9] 牧：统治管理。

[10] 实虚：虚实。

［11］指：意同宗旨。

［12］阖而捭之：要明白实情，就应自行闭藏或开启。

［13］利：利害。

［14］示：显现；阖：封闭；闭：隐藏。

［15］原：探讨。

［16］守：坚守。

［17］周：周全、周密。

［18］微：微妙。

［19］追：贴近。

［20］情：情状，指事物的真伪。

［21］结：结交。

［22］纳：收纳、接纳。

［23］反忤：相互抵触。俞樾《诸子评议·补录》认为“反出”“反忤”四字为衍文。

［24］豫审：豫通预，预先审查。

［25］义：适宜。

［26］诸言：各种言论。

［27］以阴阳试之：以阴阳之道施行。

［28］反：返回。

【译文】

纵观历史，圣人生活在天地之间，是大众中的先知先觉。他们通过观察阴阳二气的开启与闭合来类比事物，洞悉存亡的关键，预测万物的始终，洞悉人类的心理，预知变化的征兆，掌握事物发展变化的趋势。所以从古至今，只要天下有圣人，自然法则总是一以贯之地被解读。

事物变化无穷无尽，却归属于根本法则，不外乎有阴有阳、有柔有刚、有开有合、有张有弛。所以，圣人始终能够把握万物变化的关键，审察变化的先后，揣度计谋，测量能力，比较双方的技巧，辨别优劣短长。

贤明与不肖，智慧与愚蠢，勇敢与怯懦，是有区别的。圣人能根据不同的情况，或开放，或闭合；或进升，或黜退；或轻视，或敬重：用无为之道来处置。他们通过虚实来看清对方才能的有无，根据嗜好和欲望来了解对方的志向和意愿，稍加贬抑对方所说的话，让其反驳，从而探求实情，重在了解对方的真实意图，然后沉默不语，倾听对方的意见，求得利益所在。

有时要敞开心扉，有时要深藏不露。敞开心扉，是为了换取真情；深藏不露，是因为对方诚意不同。可行不可行，都要把计谋研究清楚，探究异同之处。无论双方的意见如何，都要坚持己见，顺应对方的意愿加以考察。如果采取开启之法，那么贵在周详；如果采取闭合之法，那么贵在缜密。周详缜密的关键在于精微地合乎自然规律。

开启是为了探求对方的真情，闭合是为了接受对方的诚意。所有这些都是为了衡量对方的实力权谋，相应地确定谋略的性质和谋划的程度，圣人因而为之用心思索。

假如权衡失误，谋略失策，圣人会为此焦虑。所谓开启，或者是通过开启释放出去，或者是通过开启接纳进来。所谓闭合，或者是通过闭合获取，或者是通过闭合抛弃。开启闭合，是天地万物运行的规律。开启闭合，都是通过阴阳运转、四季运行来促使万物变化。世间万物的纵横交错、反复出入、相互抵触，都是通过开启闭合来实现的。

开启闭合，是万物运行的规律，也是游说之术变化的法则。游说者必须慎重地预先审察对方的变化。口是心灵的门窗，心是精神的主宰。人的志向意愿、爱好欲望、思维活动、智慧计谋，都要由口这个门户来表达。用开启闭合来把守这个关口，控制语言的出入。所谓“捭之”，就是使之开启，就是发言，这属于阳；所谓“阖之”，就是闭合，就是缄默，这属于阴。开合有节，阴阳协调，始终恰当合宜。所以说长生、安乐、富贵、尊荣、显名、爱好、财货、得意、欲望等属于“阳”，叫作“始”。死亡、忧患、贫贱、痛苦、耻辱、毁弃、损伤、失意、灾害、刑戮、诛罚等属于“阴”，叫作“终”。那些遵循阳道运行的事物，都可以称为“始”，是指常从善的行为来开始；那些效法阴道运行的事物，都可以称为“终”，是指常以恶的计谋而告终。

开启闭合的规律可以从阴阳两方面来施行。因此与循阳道的人言谈，要用崇高的原则来引导；与循阴道的人言谈，要用卑下的事例去诱惑。用卑下来探求微小，以崇高来探求博大。由此说来，没有什么不能深入进去，没有什么不能抽身出来，没有什么不可以说服。按这个道理，可以游说一人，可以游说一家，可以游说一国，可以游说整个天下。要做小事就没有内在的限制，要做大事就没有外在的界限。所有的损害与利益、离去与接近、背叛与归附，都可以按照阴阳的原理来处置。阳的特性是运动、前进；阴的特性是静止、隐藏。阳通过运动显示出来，阴通过静止隐藏起来。阳发展到极点就变成了阴，阴积累到极点就变成了阳。循阳道运行者，德就会与之相生；循阴道静止者，形就会凝聚而成。所以，用阳来探求阴，要用德来包容；用阴来探求阳，必须施加力量。阳与阴相伴相随，靠的是开启闭合。这是天地阴阳运行之道，也是游说的基本方法，是万事万物的先导，因而被称作天地的门户。

反应第二

【题解】“反”指反复试探，应指对方回应。本篇阐述推知别人意图的方法，认为如果自己意图和对方不同，就要反复试探，观察对方的反应，要把自知和知人结合起来，综合运用周密详备的计谋和沉着应对的技巧，才能最大可能地了解对方，掌握事物真相。

【原文】

古之大化[1]者，乃与无形俱生。反[2]以观往，覆[3]以验来；反以知古，覆以知今；反以知彼，覆以知己。动静虚实之理，不合来今[4]，反古而求之。事有反而得覆者，圣人之意也，不可不察。

人言者，动也；己默者，静也。因其言，听其辞。言有不合者，反而求之[5]，其应必出[6]。言有象[7]，事有比[8]。其有象比，以观其次。象者象其事，比者比其辞也。以无形求有声[9]，其钓语合事[10]，得人实也。若张罝网而取兽也，多张其会而司之。道合其事，彼自出之，此钓人之网也。

常持其网驱[11]之，其言无比，乃为之变，以象动之[12]，以报其心，见其情，随而牧之。己反往，彼覆来，言有象比，因而定基。重之袭之[13]，反之复之，万事不失其辞，圣人所诱愚智，事皆不疑。故善反听者，乃变鬼神[14]以得其情。其变当也，而牧之审[15]也。牧之不审，得情不明；得情不明，定基不审。

变象比，必有反辞，以还听之。欲闻其声反默[16]，欲张反敛，欲高反下，欲取反与。欲开情者，象而比之，以牧其辞。同声相呼，实理同归。

或因此，或因彼，或以事上，或以牧下。此听真伪[17]，知同异，得其情诈也。动作言默，与此出入，喜怒由此以见其式[18]。皆以先定为之法则。以反求覆，观其所托。故用此者，己欲平静，以听其辞，察其事，论万物，别雄雌。虽非其事，见微知类。若探人而居其内，量[19]其能射其意，符[20]应不失，如螣蛇[21]之所指，若羿之引矢[22]。

故知之始己，自知而后知人[23]也。其相知也，若比目之鱼[24]。见其形也，若光之与影也，其察言也不失，若磁石之取针，舌之取燔[25]骨。其与人也微，其见情也疾。如阴与阳，如阳与阴[26]，如圆与方。未见形，圆以道之，既见形方以事之。进退左右，以是司[27]之。己不先定，牧人不正。事用不巧，是谓忘情失道；己审先定以牧人，策而无形容，莫见其门，是谓天神[28]。

【注释】

［1］化：教化。

［2］反：通“返”，返回、回顾。

［3］覆：通“复”，反复。

［4］合：符合、适合；来今：未来与现在。

［5］反而求之：用相反的态度来探求它的真相。

［6］应：反应。

［7］象：征兆、象征。

［8］比：比喻、类似。

［9］以无形求有声：用玄微的道理来探求有声的言辞。求，探求。

［10］钓语合事：如钓鱼投饵一般，在交谈时引诱对方说出，以刺探到实情。钓，钓鱼，引申为诱取。

［11］驱：役使。

［12］以象动之：用法象来使对方感动。

［13］袭之：衣上加衣为袭，引申为重叠、重复。

［14］鬼神：变化莫测，隐秘不可捉摸。

［15］审：清楚。

［16］欲闻其声反默：（类似于老子的辩证思想）欲听之道，反沉默以诱其言。

［17］此听真伪：判断事情的真假。听，治理、处理、判决。

［18］式：样式、模式。

［19］量：衡量。

［20］符：古代朝廷传达命令或征调兵将用的凭证，双方各执一半，以验真假。

［21］螣蛇：传说中一种能飞的蛇，可以预知吉凶。

［22］引矢：引，拉开弓；矢，箭。

［23］知之始己，自知而后知人：自知后推己及人。

［24］比目之鱼：比目鱼，鱼体扁平，成长中两眼逐渐移到头的一侧，常卧于海底。

［25］燔：焚烧。

［26］如阴与阳，如阳与阴：如同阴阳之间，同为一体，相互转换。

［27］司：掌握、管理。

［28］天神：如天之神，这里指能够洞悉大道的圣人。

【译文】

古代能够教化平民百姓的圣人，是同自然法则相伴相生的。他们回顾历史，展望未来；反观过去，检验现在；反观对方，了解自己。如果运动、静止、虚假、真实的道理与现在未来不符，就回顾古代来探求原因。事情往往需要反观复验，这是圣人的思想，不能不明察。

别人发表言论，这是动。自己缄默不言，这是静。根据别人的言辞来了解其话语的含义。如果对方的语言和自己的意图不一致时，就要提出诘难，对方必然会有所应对。语言有表象，事物有比喻。因为有表象有比拟，所以要观察藏在言辞下面的含义。象是实质的外在表现，比是言辞比拟，通过无形的象征比喻来求得有声的言语意图，引诱对方说出我们想要知道的事，从而得到真实的情况。这就像张开捕兽之网猎取野兽一样，多张一些网等待野兽的投奔，就能增加捕到猎物的概率。只要方法得当，符合情理，对方自然会流露实情，这便是“钓人”的罗网。常备这些钓人的网，等待猎物为你所驱使，如果对方的言辞没有变化就要改变方法，用言语的形象感动对方，迎合他的心意，窥探他的真实感情，从而控制他。自己反推回去，对方回应过来，双方言辞自然有表象有比拟，这样心中就有底了。通过多次反推回应，没有任何事情不能从言辞中表现出来。圣人以此诱导愚者、智者，就没有任何事情不清楚了。

古时候那些能够从反面听取发言的人，常能够用神鬼莫测的手段获得实情。手段变化得当，就能够清清楚楚地知道真相；如果情况掌握得不清楚，获得的真实意图就不明确；获得的真实意图不明确，做事心中就没有把握。改变言辞的象征和比拟，对方必然有回应的言辞，再通过言辞来了解对方的真实意图。想要听别人讲话，自己就要沉默；想要敞开，就要先收敛；想要升高，就要先下降；想要获取，就要先给予。要想了解对方的心意，就要通过表象和比较，来听取对方言辞的含义。如果意思相同就可以彼此呼应，如果道理相同就会走到一起。

或由此而发，或由彼而议，或卑身如事上，或居高而临下，这就是辨明真假、了解异同、分清真诚与虚伪的根本法则。

通过反推取得对方的回应，观察对方实情的依托。所以用这种方法，首先要先使自己平静，以便听取对方的言辞，考察事理，论说万物，辨别异同。即使有时所说的与实情不相符，也可以通过微小的征兆来推知事物的变化。如果要了解一个人就要深入他的内心，估量他的能力，了解他的意图，这样就能做到万无一失，像验合符契一样可靠，像飞龙指示祸福一样准确，像后羿张弓射箭一样百发百中。

所以若要知人，先要知己。先有自知之明，然后才能了解别人。这样，了解别人，就像比目鱼的两只眼睛一样紧密相随；掌握对方的形迹，如同光与影一样清晰明白；考察对方的言辞，如同用磁石吸引钢针、用舌头去剥骨头上的烤肉一样万无一失。与人相处，微露神色，却能够迅速发现别人的实情。这就像由阴转阳，又由阳转阴；由圆变方，又由方变圆一样。在事情还未明朗之前，用周密的方略来处理；事情明朗之后，就用具体的措施来应对。或进或退，或左或右，按此掌握。自己不能先定下主意，就不能正确地支配他人。处理事情不灵活没有技巧，就是不顾实际，违背规律。自己先确定策略，再去支配别人，计策谋略不露形迹，让人看不清门户所在，这就叫“天一样的神明”。

内[1]揵[2]第三

【题解】本篇讨论臣下向君主、下级向上级进献说辞，以求宠信的方法。首先分析了君臣的关系有远近亲疏，又指出进献说辞要掌握时机，并学会固守自己的计谋，结合内情、外情，或帮助对方治理混乱的局面，或称颂对方，讨其欢心，从而获得信任。

【原文】

君臣上下之事，有远而亲[3]，近而疏[4]；就之不用，去之反求[5]；日进前而不御[6]，遥闻声而相思。事皆有内揵，素结本始[7]。或结以道德，或结以党友，或结以财货，或结以采色[8]。

用其意，欲入则入，欲出则出；欲亲则亲，欲疏则疏；欲就则就，欲去则去；欲求则求，欲思则思。若蚨母[9]之从子也，出无间[10]，入无朕[11]。独往独来，莫之能止。

内者，进说辞也。揵者，楗所谋也。欲说者，务隐度；计事者，务循顺。阴虑可否，明言得失，以御其志。方来应时，以合其谋。详思来揵，往应时当也。

夫内有不合者，不可施行也。乃揣切时宜，从便所为，以求其变。以变求内者，若管取揵。言往者，先顺辞也；说来者，以变言也。善变者，审知地势，乃通于天；以化四时，使鬼神；合于阴阳，而牧人民。见其谋事，知其志意。事有不合者，有所未知也。合而不结者，阳亲而阴疏。事有不合者，圣人不为谋也。故远而亲者，有阴德[12]也。近而疏者，志不合也。就而不用者，策不得[13]也。去而反求者，事中来也[14]。日进前而不御者，施不合也；遥闻声而相思者，合于谋以待决事也。故曰：不见其类而为之者，见逆；不得其情而说之者，见非。得其情乃制其术[15]。此用可出可入，可揵可开。

故圣人立事[16]，以此先知而揵万物。

由夫[17]道德仁义，礼乐忠信计谋，先取《诗》《书》，混说损益[18]，议论去就。欲合者用内，欲去者用外，外内者必明道数[19]。揣策来事[20]，见疑决之。策而无失计，立功建德。

治名入产业，曰楗而内合。上暗不治，下乱不寤[21]，揵而反之。内自得而外不留说[22]，而飞之[23]，若命自来，己迎而御之；

若欲去之，因[24]危与之。环转因化，莫知所为，退[25]为大仪[26]。

【注释】

[1] 内：纳的意思，阐述自己的观点。

[2] 揵：本义为门闩，有坚持和束缚的意思。

[3] 远而亲：与君主志同道合者，虽与君主距离很远但很亲密。

[4] 近而疏：曲意逢迎的人，看似亲密，其实极为疏远。

[5] 反求：任用。“反”同“返”。

[6] 御：用。

[7] 素结本始：素，平常；本始；本源、根本。本篇指在君臣之间心灵的契合。

[8] 采色：美女。

[9] 蚨母：土蜘蛛，每当出入巢穴时，都要一一把穴口加盖以防外敌。

[10] 间：缝隙。

[11] 朕：迹象、征兆。

[12] 阴德：心意暗合。

[13] 得：适用。

[14] 中：合。

[15] 术：方法、手段。

[16] 立事：建立事业。

［17］由夫：由，依据；夫，发语词。

［18］先取《诗》《书》，混说损益：引用《诗经》和《书经》来验证自己的观点，加以褒贬。混，混合。

［19］道数：规律方法。

［20］揣策：推断。

［21］寤：通“悟”，明白事理。

［22］不留说：不采纳他人的进言。

［23］飞：褒奖、表扬。

［24］因：依靠、凭借。

［25］退：保全。

［26］仪：法、原则。

【译文】

君臣上下之间的关系不同，有的与君主距离很远，但很亲密，有的看似亲密，却极为疏远；有的投奔而来的不受重用，有的离任以后反而被到处寻求；有的天天在君主跟前却不被信任，有的相距十分遥远，君主却闻名而思慕他的到来。这是因为君臣结交有内在的关系，早形成了一些奥妙：有的以道德结交，有的以友情结交，有的以钱财结交，有的以美色结交。因此要了解君臣的关系，就要做到要进就能进，要退就能退；要让他亲近就能亲近，要让他疏远就能疏远；要想投奔就能投奔，要想离开就能离开；要想被聘用就能被聘用，要想令他思念就能令思念。这就好比母蜘蛛率领小蜘蛛一样，出入不留痕迹，自由自在，独来独往，谁也没法阻止。

所谓“内”就是进献说辞；所谓“揵”就是固守谋略。想去说服君主，一定要暗中揣度君主的意图；想去向君主献计，一定要顺着君主的心愿。自己现在背后考虑是否可行后，再公然向君主分析事情的得失，以切合君主的志向。如果是直接向君主献计，要掌握好时机，以切合君主的谋略。如果是事情仔细周密地计划后，再去向君主献计，则没有不当的。

如果自己的策略与君主的内心不相符合，就不要贸然行动。而要揣摩时机是否合适，要试着从便利处入手，即时改变策略。用灵活变通的策略来适应内情，就好比用门闩来代替门锁一样进行变通。在谈论过去已经发生的事情时，要顺着君主的意思来说；在谈论将来的事情时，要用变通的话来说。善于应对变化的人，一定是熟知各国的地理和形势、精通天象，能够预测四时的变化；如此就能够做到驱使鬼神，使计谋与行动合于阴阳之道，以统治广大民众。看到君主谋划事情，就能猜测他真实的意图。如果自己所行之事有与君主之意不合的，肯定是因为我们对君主的意图还有不了解的地方。即使自己主动去迎合他，也不能与君主结交得很近，即使君主表面上与自己亲近而实际上却很疏远。因此，不合于君主之意的事，圣人是不会谋划的。所以说，与君主相距很远却被亲近的人，是因为能与君主心意暗合；距离君主很近却被疏远的人，是因为与君主志趣不合；投靠君主而不被重用的人，是因为计策不适合；离去却被再次寻求的人，是因为他的主张被后来的现实证明可行；每天都出入君主面前，却不被信任的人，是因为他措施不恰当；距君遥远却被君主思慕的人，是因为其主张与决策相合，君主正等他来决断大事。所以说，情况不清楚，君臣不相合，却非要去做，必然会遭到拒绝；不了解具体情况却非要去说，必然会招致非议。只有了解真实情况，方能把握住内揵之术。如此使用，就可以出也可以入，可以开启也可以固守。圣人建功立业，就是预先了解事物真相进而把握万物的。他们从道德、仁义、礼乐、忠信、计谋出发，先是取用《诗经》和《尚书》的道理来验证自己的学说，然后减损或增加，讨论用于世还是不用于世。若要相合就在内情入手；若是分离，就借助外力。无论用内情还是用外力，都要先明晓理论和方法，预测未来，决断各种疑难。做到决策没有失误，就能建立功业，树立德行。

治理百姓，发展生产，这叫作计谋与内情相合。国君昏庸，不理国政，臣下纷乱不明事理，这叫计谋与内情不合。如果君主自作聪明，对外不采纳正确意见，那就要称赞他，使他有所改变。如果朝廷征召，应该积极地迎接任命。如果想要离去，最好趁乱时行事。要像圆环旋转一样灵活顺应事情的变化，而不让别人知道所作所为，这是全身而退的最好方法。

抵巇[1]第四

【题解】本篇讨论“物有自然，事有合离”，提出万事万物都会出现裂缝，要审时度势，在这些危险裂痕刚刚出现的时候就想办法补救，采用“抵而塞之”的办法使其消失；如果无法补救，就要采取“抵而得之”的办法加以取代。

【原文】

物有自然，事有合离[2]。有近而不可见，有远而可知。近而不可见者，不察其辞也；远而可知者，反往以验来也。巇者，罅也。罅[3]者，涧也。涧者，成大隙也。巇始有朕，可抵而塞，可抵而却，可抵而息，可抵而匿，可抵而得。此谓抵巇之理也。

事之危[4]也，圣人知之，独保其身。因化说事，通达计谋，以识细微。经起秋毫之末[5]，挥之于太山[6]之本。其施外，兆萌芽蘖[7]之谋，皆由抵巇。抵巇之隙，为道术用。

天下分错[8]，上无明主，公侯无道德，则小人谗贼；贤人不用，圣人窜匿[9]，贪利[10]诈伪者作。君臣相惑，土崩瓦解，而相伐射[11]；父子离散，乖乱反目，是谓萌芽巇罅。圣人见萌芽巇罅，则抵之以法。世可以治则抵而塞之，不可治则抵而得之[12]；或抵如此，或抵如彼；或抵反之[13]，或抵覆之[14]。五帝[15]之政，抵而塞之；三王[16]之事，抵而得之。诸侯相抵，不可胜数。

当此之时，能抵为右[17]。

自天地之合离、终始，必有巇隙，不可不察也。察之以捭阖，能用此道，圣人也。圣人者，天地之使[18]也。世无可抵，则深隐而待时；时有可抵，则为之谋。可以上合，可以检下，能因能循，为天地守神[19]。

【注释】

［1］抵巇：抵，抵塞；巇，缝隙。抵巇，在这里指弥补不足、堵塞漏洞。

［2］自然：非人为的、天然的；合离：聚合与分离。

［3］罅：裂痕、间隙。

［4］事之危：事物仅有危机征兆的时候。

［5］秋毫之末：指动物秋季所生出的细毛，形容细小。

［6］太山：泰山。

［7］兆萌芽蘖：兆萌是微小的征候，芽蘖是伐木后从根部所生的新芽。

［8］分错：四分五裂。

［9］窜匿：逃跑隐匿。

［10］贪利：贪图利禄。

［11］伐射：互相残杀、激射。

［12］抵而得之：通过“抵”来取得。得，取得。

［13］反之：帮助其恢复原状。

［14］覆之：颠覆对手。

［15］五帝：中国古代五位帝王，即黄帝、颛顼、帝喾、尧、舜。

［16］三王：中国古代三位帝王，即夏禹、商汤、周文王。

［17］右：上位。

［18］使：使者。

［19］为天地守神：守神，守护神。成为天地的守护神。

【译文】

万物都有规律存在，事情总有聚合和分离。有时距离很近，却互相不了解；有时距离很远，却彼此熟悉。距离近而互相不了解，是因为没有互相考察言辞；距离远却能熟悉，是因为能够反观过去以验证未来。所谓“巇”就是瑕罅，瑕罅是容器的小裂痕，裂痕会由小变大。在裂痕刚刚出现时，可以堵塞它，使其停止，使其变小，使其消失；如果裂缝太大无法消除，就要弃旧从新。这就是抵巇的原理。

事物出现危机之初，只有圣人才能知道，而且能妥善处理，保全其功用。按着事物的变化来说明事理，了解各种计谋，采取措施，防微杜渐。万事万物在开始变化时都像秋毫之末一样微小，一旦发展起来就像泰山的根基一样雄厚。当圣人治理天下时，即使采用小小的计谋也会运用抵巇的原理。因此，抵巇就成为一种原理和方法。

天下动乱不止，上面没有贤明的君主，大臣没有道德。小人谗言妄为，贤人不被重用，圣人逃匿躲藏起来，贪图利禄、奸诈虚伪的人纷纷出现。君主和大臣互相蒙蔽欺骗，国家四分五裂，互相征伐；家庭中父子离散，骨肉反目，这是国家的裂痕。圣人看到这种情况，就用抵巇之法来治理。当世道可以治理时，就要尽量弥补，使其弥合；当世道无法治理时，就彻底把它打破，弃旧从新。五帝的圣明政治，是顺势救治；三王从事的事业，就是弃旧从新。诸侯之间互相征伐，都想弃旧从新，数不胜数。在这个混乱的时代，善于运用抵巇之术，才是上策。

自从天地之间有了离合、始终以来，万事万物就必然存在着裂痕，这一点不能不明察。要用开合的方法来研究它，掌握这种道理的只有圣人，圣人是天地的使者。当世道没有缝隙需要堵塞的时候，就深深地隐居起来，等待时机；当世道出现缝隙可以堵塞时，就出谋划策。对上可以和君主合作，对下可以管理百姓，这样就成了天地的守护神。

飞箝[1]第五

【题解】“飞”是赞美、褒扬；箝是指钳制、控制，本篇讲用赞美、褒扬的方法，赢得对方的欢心，取得信任，从而诱导对方，掌握实情，达到钳制对方、控制对方的目的。采用飞箝之术要了解对方的权谋、才能，了解对方的底细，有针对地使用捭阖之术。

【原文】

凡度权量能[2]，所以征[3]远来近。立势而制事[4]，必先察同异之党，别是非之语，见内外之辞[5]，知有无之数[6]，决安危之计，定亲疏之事[7]。然后乃权量之，其有隟括[8]，乃可征，乃可求，乃可用。

引钩[9]箝之辞，飞而箝之。钩箝之语，其说辞也，乍同乍异[10]。其不可善者[11]，或先征之，而后重累[12]；或先重以累，而后毁之；或以重累为毁[13]，或以毁为重累。其用，或称财货、琦玮[14]、珠玉、璧白[15]、采色以事之，或量能立势以钩之，或伺候见涧而箝之，其事用抵巇。

将欲用之于天下，必度权量能，见天时之盛衰，制地形之广狭，阻险之难易，人民货财之多少，诸侯之交孰亲孰疏、孰爱孰憎。心意之虑怀，审其意，知其所好恶，乃就说其所重[16]，以飞钳之辞钩其所好，以箝求之。

用之于人，则量智能、权材力、料气势，为之枢机[17]。以迎之随之，以箝和之，以意宣之，此飞箝之缀[18]也。用之于人，则空往而实来[19]，缀而不失，以究其辞。可箝而从，可箝而横；可引而东，可引而西；可引而南，可引而北；可引而反，可引而覆。虽覆能复，不失其度。

【注释】

［1］飞箝：飞，飞扬、褒奖。《意林》引《太公六韬》："辩言巧辞，善毁善誉者，名曰：间谍飞言之士。"钳，意为挟住、挟持。飞箝，在这里是指先褒扬对手，令其激动，待其露情竭志时，因其所好缄束箝持，令其不得后退。

［2］度权量能：度，度量；权，权衡。

［3］征：征召。

［4］立势而制事：建立一种规章制度，管理具体的事务。

［5］内外之辞：内是实情，外是表面，这里指正反两方面的言辞。

［6］数：术数、技巧。

［7］亲疏之事：有关亲密或疏远的事情。

［8］檃括：原指矫正竹木以成器，这里指矫正人的缺点和不足。

［9］钩：引诱。

［10］乍同乍异：乍，忽然；同，相同；异，差异。

［11］不可善者：即使运用钩钳之法也不能转移的人。

［12］重累：反复。

［13］以重累为毁：通过反复试验，以使对方瓦解。

［14］财货、琦玮：财货，钱财货物；琦玮，珍贵宝玉。

［15］白：通"帛"。

［16］所重：所重视的问题。

［17］枢机：指关键和重点。枢是门轴；机是枢纽。

［18］飞箝之缀：这里是说飞钳之术的连带作用。缀，连结、缀合。

［19］则空往而实来：用好听的空话，突出对方的实情。

【译文】

凡是揣度人的智谋，测量人的才干，都是为了征召远近的人才。建立制度，管理事务，首先需要考察他们的异同，辨别言语的是非，看出进言的表面意思和实际内涵；了解他们技艺的有无；让他们决断事关安危的计策，处理亲疏远近之事，然后衡量出轻重短长，找出他们可以矫正的缺点和不足。于是加以征召，加以聘请，加以任用。

用言语引导，用声誉诱导，探知对方的思想，从而控制对方，这种方法就叫“钩箝”。钩箝是一种游说的言辞，时而相同，时而相异。对于那些以言语难以引诱并控制的人，要先把他招来，然后再对他们进行反复试探；或者先反复试探而后加以诋毁，或者用诋毁的方法反复试探，或者用试探的方法不断诋毁。想要重用某些人时，或者赏赐钱财、珠宝、美玉、璧帛和美女来试探；或者通过衡量才能，设立职位来吸引；或者暗中考察，抓住漏洞来控制，这时就可以用抵巇之术。

要把飞箝之术用于治理天下，一定要衡量国君的权谋和才能，观察天时的兴衰，掌握地形的宽窄、山川的险阻和平易，以及人民财富的多寡，诸侯之间谁与谁亲近，谁与谁疏远，谁与谁友好，谁与谁敌对。要详细考察国君的愿望和想法，了解他们的好恶，然后针对对方所重视的问题进行游说，再用“飞”的方法诱出对方的爱好所在，再用“箝”的方法把对方控制住。如果把飞箝之术用于个人，就要揣摩他的智慧和才能，权衡他的实力，估计他的气概和度量，抓住关键迎合他，以钳制之术使他与自己协调，达到双方情意和谐。这就是飞箝的妙用。如果把飞箝之术用于人际交往，可用好听的空话去套出实情，结交对方，使他无法摆脱，进一步探究他的言辞。这样的钳制之术，既可以合纵，也可以连横；可以引而向东，也可以引而向西；可以引而向南，也可以引而向北；可以引而返还，也可以引而覆败。即使覆败，也可以恢复：关键在于不失节度。

忤合[1]第六

【题解】“忤”是相背，“合”是相向。本篇指出互相对立是事物的客观存在，只有精通“以反求合”之术才能顺应事物的变化；并讨论了如何利用对立和顺合的规律来考察、选择适合自己计谋的君主，从而建功立业。

【原文】

凡趋合倍反[2]，计有适合。化转环属[3]，各有形势[4]。反覆相求，因事为制[5]。是以圣人居天地之间，立身[6]、御世[7]、施教、扬声、明名也，必因事物之会，观天时之宜，因[8]知所多所少，以此先知之，与之转化。

世无常贵，事无常师。圣人常为无不为，所听无不听。成于事而合于计谋，与之为主[9]。合于彼而离于此，计谋不两忠[10]，必有反忤。反于是，忤于彼；忤于此，反于彼。其术也。

用之于天下，必量天下而与之；用之于国，必量国而与之；用之于家，必量家而与之；用之于身，必量身材能气势而与之。大小进退，其用一也。必先谋虑计定，而后行之以飞箝之术。

古之善背向者，乃协四海，包诸侯，忤合之地而化转之，然后求合。故伊尹[11]五就汤[12]、五就桀[13]，而不能所明，然后合于汤。吕尚[14]三就文王[15]、三入殷，而不能有所明，然后合于文王。此知天命之箝，故归之不疑也。

非至圣达奥，不能御世；非劳心苦思，不能原事[16]；不悉心见情，不能成名；材质不惠[17]，不能用兵；忠实无实，不能知人。故忤合之道，己必自度材能知睿[18]，量长短远近孰不知，乃可以进，乃可以退，乃可以纵，乃可以横。

【注释】

[1] 忤合：忤，抵触、背逆、相背；合，符合、相向、不

违背。

［2］趋合倍反：趋合，趋向合一，相当于“合”；倍反，背逆，相当于“忤”。倍，通“背”。

［3］化转环属：变化转移，像环一般连接起来而没有缝隙。

［4］形势：事物变化发展的态势。

［5］因：依据、凭借；制：法则、法度。

［6］立身：安身立命。

［7］御世：操控天下。

［8］因：凭借、顺应。俞樾《诸子评议·补录》认为当作“国”，误。

［9］主：主体、主人。

［10］忠：忠诚。

［11］伊尹：辅弼商汤消灭夏桀，是商朝开国名相。

［12］汤：商朝的开国之君，推行善政。

［13］桀：夏朝亡国之暴君，被商汤所灭。

［14］吕尚：即姜太公，辅佐周文王、周武王，对周朝建国贡献极大，封于齐。

［15］文王：周文王，被殷纣王囚禁，后积聚力量，儿子周武王灭商。

［16］原事：追究事情的本源。

［17］质惠：通“慧”，聪明。

［18］知睿：聪明才智。知，通“智”，智慧。

【译文】

世间万物既有相向归一的趋势，又有背逆相反的趋势，施计图谋均应符合这一规律。事物变化和转换就像圆环一样连接无中断，形成各种各样的发展态势。应反复寻求内在的原因，根据实际情况进行控制。圣人生活在天地之间，安身立命、操控天下、说教众人、彰显名声，必定根据事物之间的联系来考察天时是否适宜，因而明白哪些地方有余，哪些地方不足，用忤合的道理去事先了解，让计谋随着事态的变化而转化。

世界上没有永远高贵的东西，万事万物也不能永远居于榜样的地位。圣人常做的是无所不能做，常听的是无所不能听。事情必定成功，计谋必定适用，以此作为行事的根本。计谋合乎那一方的利益，就要背叛这一方的利益，不可能同时忠于双方。合乎这一方的意愿就要违背另一方；违背另一方，才可能合乎这一方。这就是忤合之术。

如果把它运用到天下，一定要衡量天下的形势；如果把它运用到某个国家，一定要衡量整个国家的形势；如果把它运用到某个家族，一定要衡量整个家族的形势；如果把它运用到某一个人，就必然要衡量这个人的才能气势。无论把这种忤合之术用在大的方面还是用在小的方面，用在进取还是用在退却，其功用是一致的。都要事先深谋远虑，确定计谋之后实行飞拑之术。

古代那些善于使用相向相背规律的人，可以协同四海，包容诸侯，将他们驱使到预先设置的忤合境地，促使其转化，使其与自己联合。所以伊尹五次投奔商汤，五次投奔夏桀，最终与商汤相合。吕尚三次投奔周文王，三次投奔殷纣王，然而不被殷纣王重用，最后与文王相合。这是因为他们懂得天命的制约，因此归顺明主毫不怀疑。

如果不能达到圣人这样洞悉深奥道理的境地，就不可能驾驭天下；不肯用心苦苦思考，就不可能揭示事物的本来面目；不全神贯注地考察事物的情状，就不可能功成名就；才质不聪明，就不能统兵作战；只是愚忠诚实而缺少真知灼见，就不可能知人善用。所以忤合的法则就是一定要估量自己的聪明才智，和周围人比较，了解自己的优劣短长，如此一来，才能随心所欲，可以前进，可以后退；可以合纵，可以连横。

揣[1]篇第七

【题解】“揣”即揣测，包括忖度人情、事理。本篇指出权衡天下的强弱就是要看地域、人口、财富的多少以及山川险易、人才多寡、人心向背等国情。揣测诸侯的内情，则要把握住有利的时机，旁敲侧击，仔细揣摩对方的心思。通过量权和揣情，就能够掌握国君或者诸侯的内心，从而加以利用，成就自己的事业。

【原文】

古之善用天下者，必量天下之权，而揣诸侯之情。量权不审[2]，不知强弱轻重之称[3]；揣情不审，不知隐匿变化之动静。

何谓量权？曰：度于大小，谋于众寡；称货财有无之数，料人民多少、饶乏[4]，有余不足几何？辨地形之险易，孰利孰害？谋虑孰长孰短？揆[5]君臣之亲疏，孰贤孰不肖？与宾客之智慧，孰多孰少？观天时之祸福，孰吉孰凶？诸侯之交，孰用孰不用？百姓之心，去就变化，孰安孰危？孰好孰憎？反侧[6]孰辨？能知此者，是谓量权。

揣情者，必以其甚喜之时，往而极其欲也；其有欲也，不能隐其情。必以其甚惧之时，往而极其恶也；其有恶也，不能隐其情。情欲必出其变。感动而不知其变者，乃且错[7]其人勿与语，而更问所亲，知其所安。夫情变于内者，形见于外。故常必以其显者而知其隐者，此所谓测深揣情。

故计国事者，则当审量权；说人主，则当审揣情。谋虑情欲，必出于此，乃可贵，乃可贱，乃可重，乃可轻，乃可利，乃可害，乃可成，乃可败；其数一也。故虽有先王之道、圣智之谋，非揣情隐匿，无所索之。此谋之大本也，而说之法也。

常有事于人，人莫能先，先事而生，此最难为。故曰：揣情最难守司。言必时[8]其谋虑。故观蜎飞蠕动[9]，无不有利害，可以生事美[10]生事者，几之势[11]也。此揣情饰言，成文章而后论之也。

【注释】

［1］揣：揣测。

［2］审：详细周密。

［3］称：衡量。

［4］饶乏：富足困乏。“料人民多”四字脱，依《百子全书》补。

［5］揆：度量考察。

［6］侧：通“测”，预测。

［7］错：通“措”，安置。

［8］时：通“伺”，等待

［9］蜎飞蠕动：蜎，一种小昆虫，这里泛指昆虫的飞动。

［10］美：俞樾《诸子评议·补录》认为当作“变”。

［11］几之势：细微的态势。几，细微。

【译文】

古时擅于游说国君而治理天下的人，一定要权衡天下的形势，揣测各个诸侯的情形。权衡形势不准确，就不了解诸侯之间的强弱轻重；揣测情形不精确，就不了解隐藏的情况和变化的形势。

什么叫作量权呢？就是测量大小，计算多少；计算钱财货物的有无，估计人民有多少，是富有还是困乏，富有和困乏到了什么程度？分辨地形的险峻平坦，哪里有利，哪里有害？计谋思虑，哪个是优，哪个是劣？考察君臣之间，与谁亲近，与谁疏远？哪些贤德，哪些奸佞？客卿的智慧，谁高谁低，谁多谁少？观察天命祸福，哪个时候吉，哪个时候凶？诸侯的之间的关系，哪个可以利用，哪个不可以利用？老百姓的人心向背如何变化，是安乐还是危急？喜欢什么，憎恶什么？预测反叛之事，在哪里更容易发生？能够了解这些就是所谓的量权。

所谓的揣情就是一定要在对方最高兴的时候前去，想尽办法满足他的欲望。只要有欲望就难以隐藏其实情。一定要在对方最恐惧的时候前去，想尽办法加重他们的恐惧，只要有恐惧感，实情也难以隐瞒。人的情感欲望常常在十分高兴或者十分悲伤的时候发生变化。对那些已经感动之后仍未有异常变化的人，就要暂时撇开不要再说了，而应转向他所亲近的人，去了解他安然不动的原因。感情在内部发生变化，必然要通过形态显现于外表。所以一定要经常通过表面现象，来发现内部的隐情。这就是所说的揣测内心的办法。

所以谋划国家大事的人，应当详尽地权衡利弊；游说君主的人，应当全面揣摩实情。谋划、思虑、情感和欲望都以此为出发点。可以使人富贵，也可以使人贫贱；可以使人得到尊敬，也可以使人被轻视；可以使人获得利益，也可以使人受到损害；可以成全他人，也可以败坏他人；使用的办法都是一致的。所以，即使有古代贤王的治国之道，有圣人智者高超的谋略，不能揣度实情，就无法探求隐匿的情况。这是智谋的基础，游说的方法。某些事情的发生，人们不能提前预料，因为提前就预料是最难的。所以说揣测实情最难把握时机，游说活动必须深谋远虑。因此观察昆虫的飞动，无不藏有利害，可以引发事物生变。事物在刚刚变化之时都呈现一种细微的态势。这就是揣情的时候，需要先修饰言辞使之有文采，而后才能进行游说的道理。

摩[1]篇第八

【题解】摩篇是揣篇的姊妹篇，摩是指反复观察对方。本篇讨论若揣情不能了解对方，就要进一步试探，通过对方的反应了解实情。并列举了十种根据对方的性情进行试探观察的方法，指出这些方法的使用，需要把规律、技巧和时机紧密结合起来，灵活运用。

【原文】

摩之，符[2]也；内符者，揣之主[3]也。用之有道，其道必隐。微摩之以其所欲，测而探之，内符必应，其所应也，必有为之。故微而去之，是谓塞窖[4]、匿端[5]、隐貌、逃情，而人不知，故成其事而无患。摩之在此，符之在彼。从而应之，事无不可。

古之善摩者，如操钓而临深渊，饵而投之，必得鱼焉。故曰，主事日成而人不知，主兵日胜而人不畏也。圣人谋之于阴[6]，故曰神；成之于阳[7]，故曰明。所谓主事日成者，积德也，而民安之，不知其所以利；积善也，而民道[8]之，不知其所以然；而天下比之神明也。主兵日胜者，常战于不争不费[9]，而民不知所以服，不知所以畏，而天下比之神明。

其摩者：有以平，有以正，有以喜，有以怒，有以名，有以行，有以廉，有以信，有以利，有以卑[10]。平者，静也；正者，直也；喜者，悦也；怒者，动也；名者，发[11]也；行者，成也；廉者，洁也；信者，期也；利者，求也；卑者，谄也。故圣人所，独用者，众人皆有之。然无成功者，其用之非也。

故谋莫难于周密，说莫难于悉听，事莫难于必成。此三者，唯圣人然后能任。

故谋必欲周密，必择其所与通者[12]说也。故曰："或结而无隙也。"夫事成必合于数，故曰道数[13]与时相偶者[14]也。

说者听必合于情，故曰情合者听。故物归类，抱薪趋火，燥者先燃；平地注水，湿者先濡。此物类相应，于势譬犹是也，此言内符之应外摩也如是。故曰摩之以其类焉，有不相应者，乃摩之以其欲焉，有不听者？故曰独行之道[15]。夫几者[16]不晚，成而不保[17]，久而化成。

【注释】

［1］摩：揣摩、体会。

［2］符：符验，指情感的外在表现。

［3］内符者，揣之主：符验是揣的基础。主，根本、基础。

［4］窖：指窖藏，引申为隐藏。

［5］端：端绪、征兆。

［6］阴：隐蔽。

［7］阳：公开。

［8］道：遵循。

［9］不争，不费：不使用武力，不耗费钱财。

［10］卑：谦卑。

［11］发：扩大名声。

［12］通者：感情可以沟通的人。

［13］道数：规律和方法。

［14］偶：合。

［15］独行之道：只有圣人能够体会的规律。

［16］几者：通晓机微的人。

［17］成而不保：把事做成，也不居功。

【译文】

“摩”就是通过外在表现揣摩内心的一种方法。内心情感的外在表现是揣摩实情的主体。揣摩实情有一定的规律，这些规律却是隐秘不见的。根据对方的愿望暗暗进行揣摩，测试探究他心中的秘密，其内在情感就会与外在表现相适应。内外相应，就会有行为表现。达到揣摩的目的之后要悄悄地离开对方，像把地窖盖上一样隐藏起来，消除痕迹，隐蔽外貌，掩饰实情，让别人无从知晓，就能办事成功而没有祸患。从这里揣摩，外部表现在那里显现，从而采取措施达到目的，事情没有不成功的。

古代善于运用揣摩之术的人，就像拿着钓钩到深潭边钓鱼一样，投下鱼饵就一定能钓到鱼。所以说依据这种法则行事日渐成功而别人不知晓，率兵打仗日渐获胜而没人感到畏惧。圣人在隐秘中谋划，所以被称为神妙；在公开中成功，所以被称为高明。所谓做事日渐成功的秘诀，在于暗中积累德行，老百姓安然归顺，却不知道得到利益的原因；在于暗中积累善行，老百姓遵循服从，却不知道为什么会有这样的局面，因而天下人称之为神明。用兵日渐获胜，在于经常不用进攻的手段进行战斗，不消耗人力物力，老百姓不知道为什么服从，也不知道有什么害怕，因而天下人把他们称为“神明”。

采取揣摩的方式，有用平和交流的，有用正言相告的，有用欢喜讨好的，有用愤怒激将的，有用名誉引诱的，有用行动逼迫的，有用廉洁感化的，有用信誉说服的，有用利益诱惑的，有用谦卑争取的。平和就是让对方平静，正言就是直言相斥，欢喜就是让对方喜悦，愤怒就是激怒对方，名誉就是提高对方的名声，行动就是逼迫对方执行，廉洁就是用清廉感怀对方，信誉就是用信用让对方明智，利益就是让对方有所获取，谦卑就是谄媚讨好对方。这些方式，唯独圣人能够运用。众人也都拥有但却无法取得成功，是他们运用不当。

因此，谋划策略，最难的是周到缜密；进行游说，最难得的是让对方全部听从；办理事情，最难的是必定成功。这三个方面只有圣人才能做到。所以说，谋略一定要周到缜密，一定要选择能与自己心灵相通的人去游说，或者说结交要亲密无间。事情要想取得成功，一定要遵循合适的法则，所以说规律、方法和时机三者要相合。

说辞要被听从，一定要合情，合情才会被听从。万事万物都有各自的类别，抱着柴草向烈火走去，干燥的柴草就首先燃烧；往平地倒水，低的地方就要先存水，这些都是与事物的性质相适应的，游说的情势亦如此。这就是说，内心的反应要与外在的表现相适应，因而按着事物的类别加以揣摩，没有不呼应的。顺着被游说者的欲望进行揣摩，没有不被听从的。所以说，唯独圣人才能实行揣摩之术。那些能够预见事物微小征兆的人，不会丧失良机，功成之后也不会据为己有，天长日久，就能教化天下。

权[1]篇第九

【题解】“权”即权衡。本篇讲述如何审时度势地进行游说，并阐述了游说的原则和方法：第一，要意识到游说的目的是对付对方，要善于依据对方的意图有选择地使用佞言、谀言、平言、戚言、静言展开游说。第二，要充分发挥口、耳、目三者的作用，仔细观察，适时游说，谨慎小心。第三，要注意扬长避短。第四，言辞要避免病、怨、忧、怒、喜五种毛病，根据游说对象不同，灵活运用。

【原文】

说者，说之也；说之者，资[2]之也。饰言者，假[3]之也；假之者，益损[4]也。应对者，利辞[5]也；利辞者，轻论[6]也。成义[7]者，明[8]之也；明之者，符验也。难言[9]者，却论[10]也；却论者，钓几[11]也。

佞言者，谄而于忠；谀言者，博而于智；平言[12]者，决而于勇；戚言[13]者，权而于信；静言[14]者，反而于胜。先意承欲者，谄也；繁种文辞者，博也；策选进谋者，权也。纵舍[15]不疑者，决也；先分不足[16]而窒[17]非者，反也。

故口者，机关也，所以关闭情意也。耳目者，心之佐助也，所以窥间见[18]奸邪。故曰：参[19]调而应，利道而动。故烦言而不乱，翱翔而不迷，变易而不危者，观要得理。故无目者，不可示以五色[20]，无耳者，不可告以五音[21]。故不可以往者，无所开之也；不可以来者，无所受之也。物有不通者，故不事也。古人有言曰："口可以食，不可以言。""言"者，有讳忌也。"众口铄金"，言有曲故也。

人之情，出言则欲听，举事则欲成。是故智者不用其所短，而用愚人之所长；不用其所拙，而用愚人之所工，故不困也。言其有利者，从其所长也；言其有害者，避其所短也。故介虫[22]之捍也，必以坚厚；螫虫[23]之动也，必以毒螫。故禽兽知用其所长，而谈者亦知其用而用也。

故曰："辞言有五：曰病、曰怨、曰忧、曰怒、曰喜。"病者，感衰气而不神也；恐者，肠绝而无主也；忧者，闭塞而不泄也；怒者，妄动而不治也；喜者，宣散而无要也。"此五者，精则用之，利则行之。故与智者言，依于博；与拙者言，依于辩；与辩者言，依于要[24]；与贵者言，依于势；与富者言，依于高；与贫者言，依于利；与贱者言，依于谦；与勇者言，依于敢；与过者言，依于锐。此其术也，而人常反之。是故与智者言，将此以明之；与不智者言，将此以教之，而甚难为也。故言多类，事多变。故终日言，不失其类，而事不乱。终日不变而不失其主，故智贵不妄[25]。听贵聪，智贵明，辞贵奇。

【注释】

［1］权：本义为秤锤，引申为权衡。

［2］资：资助、帮助。

［3］假：假借。

［4］益损：增加或减少。

［5］利辞：巧辩的言辞。

［6］轻论：轻巧而浮泛的言论。

［7］成义：合于义理。

［8］明：阐明。

［9］难言：诘难的话。

［10］却论：排斥对方的论点。

［11］钓几：引诱对方说出隐秘之事。“几”，同“机”。

［12］平言：平实可靠的言论。

［13］戚言：面带忧色的言论。戚是忧的意思。

［14］静言：心平气和的话。

［15］纵舍：摈弃。

［16］先分不足：自己有所不足之处。先分，天分。

［17］窒：堵塞。

［18］间见：探视

［19］参：通“三”，指心、眼、耳三器官。

［20］五色：指青、黄、赤、白、黑五种颜色，这里泛指各种色彩。

［21］五音：指宫、商、角、徵、羽五种声音，这里泛指各种声音。

［22］介虫：带有甲壳的昆虫。介，甲。

［23］螫虫：指能用毒针来刺人的虫子。

［24］要：简要。

［25］妄：混乱。

【译文】

游说就是说服别人，说服别人正是要借助别人。修饰言辞，就是借助美丽的言辞来说服别人；借助言辞，必然有所增加或者减少。应对别人靠的是巧辩之辞，巧辩之辞是轻巧浮泛的言论。合于义理的言论能够阐明真理，阐明的真理可以通过表现来验证。驳难的言辞是驳斥对方的论点的，驳斥对方的论点是要诱出对方隐秘的意图。

花言巧语是用谄媚的言辞显得忠诚，阿谀奉承是用广博的言辞显得智慧，平实的言辞是用果决显得勇敢，忧伤的言辞是用权衡显得诚信，平淡的言辞是用反诘来求取胜利。先想到对方所想顺从他的意志，就是谄媚。反复引用华美的辞藻，就是广博；策划谋略加以选择，就是权衡；摈弃陈见毫不迟疑，就是果决；事先知道自己的不足而指责他人，就是反诘。

所以，口是人发出言辞的机关，是用来打开、闭合情意的。

耳朵和眼睛是心的辅助器官，是用来窥探破绽、侦察奸邪的。所以说，三者协调而相互呼应，事情就会向着有利的方向发展，烦琐的言辞不能使人纷乱，纵横的言辞不能使人迷惑，变化的言辞也不会危及自己，关键在于瞄准了要害，看清了事理。所以对于没有洞见的人，没有必要拿五色的事界给他们看；没有听力的人，没必要让他们听五音；不能前去说服的，是由于对方无法开导；不可以征召来的，是因为对方无法接受。如果事情无法说通就不要去做。古人有言，说："嘴是用来吃东西的，不是用来说话的。"讲的就是说话是有忌讳的。众人的言辞可以把金属熔化了，正是传言偏颇不止的缘故啊。

人说话总希望有人听从，办事总希望能成功。因而明智的人不使用自己的短处，而利用愚笨者的长处，不用自己的拙笨而用愚笨者的灵巧，就使自己永远不会窘困。阐述有利的一面就要发挥其长处，阐述有害的一面，就要回避其短处。所以甲虫防卫是用其坚硬的甲壳，毒虫行动必定用那有毒的螫。就连禽兽都知道用自己的长处，游说的人更应该知道用他该用的方法了。

所以说，言辞有五种，即病言、怨言、忧言、怒言、喜言。病言，神气衰弱，说话没精神；怨言，伤心痛苦，没有主见；忧言，心情郁结，情绪不畅；怒言，胡言乱语，条理不清；喜言，说话自由散漫，没有重点。这五种言辞，只要精通就能使用，只要有利就能实行。所以与智慧者谈话，要依托于渊博；与笨拙者说话，要依托于巧辩；与善辩者谈话，要依托于简要；与高贵者谈话，要依托于气势；与富人谈话，要依托于高雅；与穷人谈话，要依托于利益；与卑贱者谈话，要依托于谦虚；与勇敢的人谈话，要依托于果敢；与过激的人谈话，要依托于敏锐。这些是与人谈话的技巧，然而不少人却常常违背它们。所以，与聪明的人谈话时，就要用这些方法使他们明晓；与愚笨的人谈话，就要用这些方法来教诲他们，但这很难做到。因此谈话有各种类型，事情有多种变化。即使终日谈论也不会超出这些类别，也不会混乱。事情不断变化，也不会失其变化的根本。智慧最可贵之处在于有条不紊，听言贵在清楚明白，智慧贵在明辨事理，言辞要变化莫测。

谋篇第十

【题解】“谋”即谋划，本篇讨论了出谋划策及实施谋划的问题：第一，要顺应天地自然和人道的规律，做到主客观相结合。第二，要根据不同对象的性格和心理特点采取不同的计谋。第三，要抓住对方的心理使用计谋，尤其要注意计谋的隐蔽、周密、出其不意。第四，使用计谋要根据交往的程度，不要强加于人，而要顺应对方。

【原文】

为人凡谋有道，必得其所因，以求其情。审得其情，乃立三仪[1]。三仪者曰上、曰中、曰下。参以立焉，以生奇。奇不知其所拥，始于古之所从[2]。故郑人之取玉也，载司南之车[3]，为其不惑也。夫度材量能、揣情者，亦事之司南也。

故同情而俱相亲者，其俱成者也；同欲而相疏者，其偏成者也；同恶而相亲者，其俱害者也；同恶而相疏者，偏害者也[4]。故相益则亲，相损则疏，其数行也，此所以察同异之分也。故墙坏于其隙，木毁于其节，斯盖其分[5]也。故变生事，事生谋，谋生计，计生议，议生说，说生进，进生退，退生制，因以制于事。故百事一道而百度一数也。

夫仁人轻货，不可诱以利，可使出费[6]；勇士轻难，不可惧以患，可使据危；智者达于数，明于理，不可欺以诚，可示以道理，可使立功：是三才[7]也。故愚者易蔽也，不肖者易惧也，贪者易诱也，是因事而裁之[8]。故为强者积于弱也，有余者积于不足也：此其道术行也。

故外亲而内疏者说内，内亲而外疏者说外。故因其疑以变之，因其见以然之[9]，因其说以要之，因其势以成之，因其恶以权之，因其患以斥之。摩而恐[10]之，高而动之，微而证之，符而应之，拥而塞之，乱而惑之，是谓计谋。计谋之用，公不如私，私不如结[11]，结而无隙者也。正不如奇，奇流而不止者也。故说人主者，必与之言奇；说人臣者，必与之言私。

其身内、其言外者[12]疏；其身外，其言深者危。无以人之所不欲，而强之于人；无以人之所不知，而教之于人。人之有好也，学而顺之；人之有恶也，避而讳之，故阴道而阳取之也。故去之者纵之，纵之者乘之。貌者不美，又不恶，故至情托焉。可知者可用也，不可知者谋者所不用也，故曰："事贵制人，而不贵见制于人。"制人者握权也，见制于人者制命也。故圣人之道阴，愚人之道阳；智者事易，而不智者事难。以此观之，亡不可以为存，而危不可以为安，然而无为而贵智矣。智用于众人之所不能知，用于众人之所不能见。既用见可，择事而为之，所以自为也；见不可，择事而为之，所以为人也。故先王之道阴，言有之[13]曰："天地之化，在高与深；圣人之道，在隐与匿。非独忠、信、仁、义也，中正而已矣。"道理达于此义者，则可与语。由能得此，则可与谷远近[14]之义。

【注释】

［1］仪：标准。

［2］拥：拥塞、闭塞。古之所从：自古就遵从的道理。

［3］司南之车：即指南车，车上装有磁石，车有小人常指南方。

［4］偏害者也：原文作偏害，俞樾《诸子平议·补录》以为当作"偏成"，可从。

［5］分：分裂。

［6］费：费用、钱财。

［7］三才：指仁人、勇士、智者而言。

［8］裁：判断、裁夺。

［9］然：顺应。

［10］恐：使之恐。

［11］结：结交。

［12］身内：关系密切；言外：说话见外。

［13］言有之：俗话说。

［14］谷：俞樾《诸子平议·补录》以为当作“瞉”，意为“彀”，即悦近来远，让天下归服。

【译文】

凡是出谋划策都有一定的规律，必须探求事情的原委以推究实情。要想详尽地探求实情，就需确立三条标准，这三条标准就是上智、中才、下愚。三条标准互相参验运用，就能生出奇谋。奇谋畅通无阻，从古代就已经开始。据说，郑国人入山采玉时，都要驾着指南车去，为的是不迷失方向。考量才干，测定能力，揣摩实情，也是行动的指南。情投意合而又关系亲密的人一同谋事，大家都可以成功；欲望相同而关系疏远的人，必定一方受到损害；凡是恶习相同而关系亲密的人，一定是共同受害；凡是恶习相同而又关系疏远的人，一部分人受到损害。有利就相互亲近，有害就相互疏远，正是这个规律在起作用。所以要用这个道理区分同异，同类事务的道理是相同的。墙壁都是由于有裂隙才塌倒，树木是由于有节疤才毁坏，这就是事物分裂的原理。所以，变化产生事端，事端引出谋略，谋略需要计策，计策需要议论，议论导致辩说，辩说就有采纳，采纳就生摈弃，摈弃就要设立制度，用来制约事端。如此看来，万事万物的变化都有相同的道理，各种制度也都有一定的规则。

仁人君子轻视财货，不可以用财利引诱，却可以让他们捐出财货；勇敢的人轻视危险，不能用祸患去吓唬，却可以用他们解除危难；智慧的人通晓术略，不可以用不诚信去欺骗，却可以向他们讲明道理，让他们建功立业。这是三种人才啊！由此观之，愚昧的人是容易蒙蔽的，不肖之徒是容易被吓住的，贪婪的人是容易被引诱的，这三种人可以根据具体情况来判断。然而，强大者是由弱小不断积累而成，富足者是有不足者积累而成，这就是道术得以实行的原因啊。

表面亲近而内心疏远的人，要从内心入手去游说他；内心亲善而表面上疏远的人，要从表面上入手去游说他。根据对方的疑惑来改变自己游说的内容，根据对方的表现来顺应他的意向；根据对方的答词来确定游说的要点，根据情势的变化来达成游说的效果，根据对方的憎恶灵活变通，根据对方的担忧加以排除。用揣摩之术使他恐惧，抬高对方之后使他触动，略设根据加以证实，露出表现加以响应，拥堵对方加以阻塞，搅乱对方加以迷惑。这些就叫作计谋。

说到运用计谋，公开不如隐蔽，隐蔽不如结交，结交就可以亲密无间。遵循常理比不上出奇制胜，施以奇策能左右逢源，无往不胜。所以说，游说君主的时候，必须要谈奇策；游说人臣的时候，必须要用得隐蔽。关系密切而说话见外的人，必定导致疏远；关系疏远而说话密切的人，必定有危险。不要拿别人不愿意做的强迫去做，不要把别人不懂的事强去教导。如果对方有某种嗜好，可以学着迎合他；如果对方有某些厌恶，可以避讳不言。这是用暗地讨好的办法去换取公开的回报。

因而想要除掉的人可以放纵他，让他犯过，然后抓住机会制服他。外表不善也不恶，喜怒不形于色的人，可以托付大事。对于彻底了解的人可以使用计谋，对于不了解的人不能用计谋。所以说，办事最重要的是制约别人而不是被别人制约。控制别人的人就是掌握了权力，被人控制的人命运就握在别人手里。因此，圣人运用谋略隐藏不露，愚人运用谋略大肆张扬。聪明的人行事容易，愚笨的人成事困难。由此看来，虽然灭亡的东西难以复兴，动乱也难于安定，但顺应规律看重智慧还是必要的。

智慧要用在众人无法知晓的地方，用在众人无从看到的地方。如果在施用智谋，就要看是否可行：如果可行，选择事情自己去做；如果不可行，也必须选择一些事情让别人去做。所以先王的治国之道隐藏不露。古语说："天地的造化在于高深莫测。圣人的法则在于隐藏不露。不仅仅讲求忠诚、信守、仁慈、义理，还得合乎不偏不倚的正道啊。"只有通达了这些道理，才可以与他谈谋略之事。如果能体悟到这些，就可以懂得去驱使天下的道理了。

决篇第十一

【题解】“决”即决策、决断。本篇讨论决策的意义在于解除疑惑，预知未来，趋吉避凶。决策的方法包括公开、隐蔽、诚信、隐蔽和常规五种。决策的原则是“度以往事，验之来事，参之平素”，并列举五种特殊情况加以讨论，最后再次指出决策关系到“正乱治、决成败”，一定要慎重。

【原文】

为人凡决物，必托于疑者，善其用福，恶其有患[1]，害至于诱也，终无惑偏。有利焉，去其利则不受也，奇之所托。若有利于善者，隐托于恶，则不受矣，致疏远。故其有使失利者，有使离[2]害者，此事之失。

圣人所以能成其事者，有五：有以阳德之者，有以阴贼[3]之者，有以信诚之者，有以蔽匿之者，有以平素之者。阳励于一言[4]，阴励于二言[5]，平素、枢机以用。四者，微而施之。于是度以往事，验之来事，参[6]之平素，可则决之。公王大人之事也，危[7]而美名者，可则决之；不用费力而易成者，可则决之；用力犯勤苦，然而不得已而为之者，可则决之；去患者，可则决之；从福者，可则决之。故夫决情定疑，万事之机[8]，以正乱治，决成败，难为者。故先王乃用蓍龟[9]者，以自决也。

【注释】

[1] 善其用福，恶其有患：人遇到好事就高兴，遇到灾祸就厌恶。

[2] 离：通“罹”，遭遇。

[3] 贼：残害。

[4] 一言：专诚不二之言。

[5] 二言：意义含混之言。

[6] 参：参照。

[7] 危：高。

[8] 机：枢纽、要害。

[9] 蓍龟：蓍是筮竹，龟是龟甲，皆为占卜工具。

【译文】

人们决断事情必定存在疑难，总对福报感到高兴，对灾祸之兆感到厌恶，其实即使有害的事情，如果善于引导，也不会让人陷入困境。如果只对一方有利，失去利益的一方就不会接受，因此必须运用奇计。如果有利的事情，隐含在作恶的形式中，别人是不能接受的，最终还要疏远。所以决策造成不利的，导致祸患的，都注定是要失败的。

圣人之所以能成就事业，主要有五种方法：有用公开的理由决断，有用隐蔽的谋略决断，有用诚信的方法决断，有用掩饰的手段决断，有用常规的手法决断。实施公开的方法，应坚持始终如一。实施隐蔽的方法要变化多端，再配合常规的方法，在关键时刻综合运用。做决断的时候要思量以往的事情，预测未来的事情，参照平常的情况，只要可行就能决策。国君大臣的事，如果可行，就可以做出决断；不用费力就能成功的事情，只要可行就可以做出决断；有些事虽然费力勤苦，然而不得不去做，只要可行，就可以做出决断；如果能排除忧患，就可以做出决断；如果能带来幸福，就可以做出决断。所以说决断事件，解决疑难，是万事的关键，确定社会太平还是动荡，决定成功还是失败，这是最难办的事啊！所以先王才使用蓍草、龟甲，来帮助自己做出决定。

符言[1]第十二

【题解】“符”即符节。本篇讨论了统治者应该具有修养和做人的原则：第一，要安详、从容、正直、平和。第二，要虚怀若谷，以天下人为己用。第三，要做到善于纳谏，从善如流。第四，要做到赏罚分明。第五，要做到博学多闻。第六，要做到顺应规律。第七，要做到行事周全。第八，要做到洞微知著，明察秋毫。第九，要循名求实，名实相符。

【原文】

安徐[2]正静，其被节[3]无不肉[4]。善与而不静[5]，虚心平意以待倾损。右主位[6]。

目贵明，耳贵聪，心贵智。以天下之目视者，则无不见；以天下之耳听者，则无不闻；以天下之心虑者，则无不知。辐凑并进，则明不可塞。右主明[7]。

听之术[8]曰：勿望而拒之[9]。许之则防守，拒之则闭塞。高山仰之可极，深渊度之可测；神明之听术正静，其莫之极。右主听。

用赏贵信，用刑贵正。赏赐贵信，必验耳目之所闻见，其所不闻见者，莫不暗化矣。诚畅于天下神明，而况奸者干君。右主赏[10]。

一曰天之，二曰地之，三曰人之。四方上下。左右前后，荧惑[11]之处安在。右主问[12]。

心为九方[13]之治，君为五官[14]之长。为善者君与之赏，为非者君与之罚。君因其政所以求，因而与之，则不劳。圣人用之，故能掌之[15]。因之循理，故能久长。右主因[16]。

人主不可不周。人主不周，则群臣生乱。寂乎[17]其无端也，内外不通，安知所开？开闭不善，不见原[18]也。右主周[19]。

一曰长目[20]，二曰飞耳[21]，三曰树明[22]。千里之外，隐微之中，是谓洞。天下奸，莫不暗变更。右主参[23]。

循名而为，实安而完；名实相生，反相为情；故曰：名当则生于实，实生于理，理生于名实之德，德生于和，和生于当。右主名[24]。

【注释】

［1］符言：指言语和事实像符节一般完全吻合，符是符节。古代就把有节的竹片中分，由两人各持一片，日后各拿这一片竹的人，只要把两片竹完全合在一起，连竹节都像原来那样吻合，用以证明。也有的符节用金属制成，功用一样。

［2］徐：静的意思。

［3］被节：合于节度。被，通“披”。

［4］肉：优裕，这里指多余。

［5］静：《六韬·龙韬·大礼》作“善与而不争”。

［6］右主位：以上说的是身居君主之位的修养。右：以上，古代从右至左竖写，右为上。

［7］明：明察。

［8］听之术：原作“德之术”，据《管子·九守》改。

［9］勿望而拒之：原作“勿坚而拒之”，《管子·九守》作

“望”，俞樾《诸子平议·补录》然之，据改。

［10］主赏：赏罚。

［11］荧惑：即火星。

［12］问：询问、咨询。

［13］九窍：口、两耳、两眼、两鼻孔为“七窍”，加上大小两个便孔，称为“九窍”。

［14］五官：指商代司徒、司马、司寇、司空、司士五种官职，这里泛指百官。

［15］掌：原作“赏”，据《管子·九守》改。

［16］因：依据。

［17］寂乎：形容没有人声，很安静。原作“家于”，《管子·九守》作“寂乎”。

［18］原：察。

［19］周：周密。

［20］长目：能看到很远的事物，犹如千里眼。

［21］飞耳：用天下之耳来听。

［22］树明：用天下之心来想。

［23］参：参用。原作“恭”，《管子·九守》作“主参”。

［24］名：名分。

【译文】

安详、从容、正直、平和，度量宽容；善于交往而与世无争，内心谦虚、心平气和地处理天下的事变。以上说的是在位者的修养。

眼睛贵在明亮，耳朵贵在灵敏，头脑贵在敏锐。如果能用全天下的眼力去观看，就不会有什么看不见的；如果用全天下的听力去听，就不会有什么听不到的；如果用全天下的头脑去思考，就不会有什么不知道的。能使天下人如车轮辐辏一样归于自己，就可明察一切，无可闭塞。以上说的是明察。

听取意见的方法是：不要固执己见而拒绝别人。采纳意见就会得到拥护，拒绝意见就会阻塞自己的听闻。山再高是可以望见顶的，渊再深是可以测到底的；神明的听术高深莫测。以上说的是善听。

奖赏贵在守信，刑罚贵在公正。奖赏的信用必须让臣民亲身见闻。这样对于那些没有亲眼看到、没有亲耳听到的人也有潜移默化的影响。诚信如果能畅达天下，达于神灵，又何惧那些奸邪之徒冒犯君主呢？以上说的是奖赏。

什么是天时，什么是地利，什么是人和，四面八方，上下、左右、前后以及火星的方位在何处？以上说的是询问。

心是九窍的主宰，君主是百官的首长。做好事的人，君主给他们赏赐；做坏事的人，君主给他们惩罚。君主根据臣民的行为给予赏罚，这样治国就不会费力。圣人运用这个道理，也能掌握这个道理。遵循客观规律，所以才能长久。以上说的是统治的凭借。

君主不能不周全。君主不周全，群臣内部就容易发生祸乱。朝廷寂静无声，就会不正常，朝廷内外如果不能一致，怎么能打开言路？言路的开放与闭合不适当，就无法推究事物的本源。以上说的是周全。

能用天下人的视力去看，叫作飞目；能用天下人的听力去听，叫作飞耳；能用天下人的头脑去思考，叫作树明。千里之外，隐蔽的事情看得清清楚楚，这叫作洞察，天下的奸邪的事情都在暗中活动。以上说的是参用。

按照名分去做，结果既安全又完美。名实相互依存，相互对立，这构成客观事实。所以说，名分从实践中产生，实践从事理中产生，而事理产生于名分和实践相结合的特性，这特性产生于协调，而这些协调在于恰如其分。以上说的是名分。

本经阴符七术

【题解】“本”指根本，“经”指规范，“阴”是内在的体验，

“符”是外在的表现。此篇讨论了内在气质的修养和锤炼，讲述了旺盛精神、培养意志、充实思虑、分配威势、分散势力、连环用计、斟酌损益七个方面的修炼方法，前三部分侧重讨论内在精神、意志和思虑的养成，后四部分写精神力量的外用。

【原文】

盛神法五龙[1]。

盛神中有五气[2]，神为之长[3]，心为之舍[4]，德为之人[5]，养神之所归诸道。道者，天地之始，一其纪也[6]。物之所造，天之所生，包容无形化气，先天地而成，莫见其形，莫知其名，谓之神灵。故道者，神明之源。一其化端[7]，是以德养五气，心能得一[8]，乃有其术[9]。

术者，心气之道所由舍者，神乃为之使。九窍、十二舍[10]者气之门户、心之总摄[11]也。生[12]受于天，谓之真人。真人者，与天为一。

内修炼而知之，谓之圣人。圣人者，以类知之。故人与生一，出于物化。知类在窍，有所疑惑，通于心术，术必有不通。其通也，五气得养，务在舍神[13]，此之谓化。化有五气者、志也、思也、神也，德也，神其一长也。静和者养气，气得其和，四者[14]不衰，四边威势，无不为存而舍之，是谓神化。归于身，谓之真人。真人者，同天而合道，执一而养产万类，怀天心、施德养，无为以包志虑思意，而行威势者也。士者，通达之。神盛乃能养志。

【注释】

[1] 五龙：五行之龙。五行是我国传统的宇宙变化的学说，认为天地之间循环流转着金、木、水、火、土五种元素。道教认为五行皆由人面龙身的仙人控制。

[2] 五气：指心、肝、脾、肺、肾等五脏之气。

[3] 长：统帅。

[4] 舍：居宿的地方。

[5] 德为之人：道德使人成为人。

[6] 一其纪也：一是道的总纲。古人认为天地之始是道，道之始是一，以一为纲。

[7] 端：开端。

[8] 得一：得道守一。

[9] 术：养生之术。

[10] 十二舍：是指目、耳、鼻、舌、身、意六根，与色、声、香、味、触、事六境。

[11] 总摄：总管。

[12] 生：本性。

[13] 舍神：使神气有所归宿。

[14] 四者：指志、思、神、德而言。

【译文】

使精神旺盛，就要效法五行之龙。

精神中有神、魂、魄、精、志等五脏之气，其中神是主宰，心是居所，德是根本。保养人的精神最终归之于道。“道”是天地的开始，“一”又是道的开端，是万物的创造者，天地的化育者包容着宏阔、无形变化的气，在天地之前就已经形成，看不见它的形状，叫不出它的名字，只好称它为“神灵”。所以说，“道”是神明的本源，“一”是变化的开端。因此，德能够滋养五气，心能够使道守一，这就产生了养生之术。

术是心气的道所居住的地方，神也受心气支配。人体的九窍十二舍是五气出入的门户，由心来统领。本性来自天地自然，叫作真人。所谓的真人，就是与天地自然合为一体的人。

懂得了这个道理，并且通过内心的自我修炼悟得的叫作圣人。圣人是通过类推的方法知晓万物的。人出生的时候本性是一样的，以后随着环境变化而变化。认识外界事物的类别在于利用九窍，解决疑惑则需要心的分析，但内心总有不同的时候。要想使内心通畅，必须滋养五气，务必使神停留于心，这一过程叫作化育。化育五气，要从意志、思想、精神和品德四个方面入手，其中精神是最主要的。安静平和便可养气，养气能使五气和顺。这四个方面不衰竭，无不发挥作用，使气常存于身，这种神气化育归于一身，叫作“真人”。真人与自然天地一体，与道合一，按万物产于一的自然规律养护万物，怀有天道自然之心，善施恩德滋养万物，顺应自然无为的法则，包容各种意志和思想，发挥自己的优势。作为士人，通达这一道理，就能精神旺盛，从而培养意志。

【原文】

养志法灵龟[1]。

养志者，心气之思不达也。有所欲，志存而思之。志者，欲之使也。欲多则心散，心散则志衰，志衰财思不达也。故心气一，则欲不偟[2]，欲不偟，则志意不衰，志意不衰，则思理达矣。理达则和通[3]，和通则乱气不烦于胸中。故内以养气，外以知人；养志则心通矣，知人则分职明矣。

将欲用之于人，必先知其养气志。知人气盛衰，而养其气志，察其所安，以知其所能。志不养，心气不固；心气不固，则思虑不达；思虑不达，则志意不实；志意不实，则应对不猛；应对不猛，则失志而心气虚；志失而心气虚，则丧其神矣。神丧则仿佛[4]，仿佛则参会[5]不一。养志之始，务在安己：己安则志意实坚，志意实坚则威势不分。神明常固守，乃能分之[6]。

【注释】

［1］灵龟：古人认为龟有灵性，因而用龟甲判断吉凶，故称灵龟。

［2］偟：纵恣。

［3］和通：和顺通畅。

［4］仿佛：恍惚。

［5］参会：指志、心、神三者交合。

［6］分之：分配调动一切。

【译文】

养志的方法要效法灵龟。

人们之所以培养意志，在于心气不畅达。心中有了欲望，思想总会想着去满足这些欲望。所谓的意志是欲望的使者，欲望多了，就心神分散；心神分散意志就会衰退；意志衰退，思虑就会不畅达。心神专一，欲望就不会放纵；欲望不放纵，意志就不会衰弱；意志不衰弱，思虑就会畅达；思虑畅达，则心气和顺；心气和顺，杂乱之气就不会在胸中造成烦扰。因此，在内应该培养意志，对外应该了解他人。培养意志，就能心气畅通；了解他人，职责就会分明。

如果要考察人，一定要先了解他养气的功夫。知道他心气的盛衰，再考察他心气安稳的程度，以便了解他的才能。意志得不到培养，心气就不稳固；心气不稳固，思虑就不畅达；思虑不畅达，意志就不充实；意志不充实，应对就不敏捷；应对不敏捷，就会丧失意志、心气虚弱；心气虚弱就会失神丧志；失神丧志就会精神恍惚；精神恍惚，意志、心气、精神三者就不协调了。培养意志的初始，务必使自己安静：自己安静，志向、思虑就能充实饱满，志向、思虑充实，身体的威势才不会分裂。这样，固守住精神，就可以分别调动意志、心气、精神。

【原文】

实意法螣蛇[1]。实意者，气之虑[2]也。心欲安静，虑欲深远；心安静则神明荣，虑深远则计谋成。神策生则志不可乱，计谋成则功不可间。意虑定则心遂安，心遂安则其所行不错，神自得矣，得则凝。识气寄，奸邪得而倚之，诈谋得而惑之，言无由心矣。故信心术[3]，守真一而不化，待人意虑之交会，听之候[4]之也。

计谋者，存亡之枢机。虑不会，则听不审[5]矣，候之不得。计谋失矣，则意无所信，虚而无实。无为而求安静五脏[6]，和通六腑[7]，精神魂魄固守不动，乃能内视[8]、反听[9]、定志。思之太虚，待神往来。以观天地开闭，知万物所造化，见阴阳之终始，原人事之政理，不出户而知天下，不窥牖而见天道；不见而命，不行而至。是谓道知，以通神明，应于无方，而神宿矣。

【注释】

［1］实意法螣蛇：使思虑充实就要效法螣蛇。螣蛇，传说中会飞的神蛇。

［2］气之虑：心气形成思虑。

［3］信心术：使心术真诚。

［4］候：静候，这里指待机观察。

［5］审：清楚、明白。

［6］五脏：指心、肝、肺、脾、肾。

［7］六腑：指胆、胃、小肠、大肠、三焦和膀胱。

［8］内视：不用眼睛观察而用心体察。

［9］反听：不用耳朵谛听而用心感觉。

【译文】

使思虑充实就要效法螣蛇。

充实思虑是指充实心气形成思虑。心神要安静，思虑要深远。心神安静，精神就会旺盛，思虑深远，计谋就会成功。精神旺盛，意念就不会紊乱；计谋成功，功劳就不会被抹杀。意志、思虑安定就会心绪稳定，行为就不会错乱，精神就能够凝定。要明白心气寄居的地方，奸邪之气就会乘机侵入，奸诈的阴谋也会由此而生，令人迷惑，这种状况下的言语是没有用心思考的。所以要使心术真诚，坚守本性真一而不变化，等待别人交流谈论意志、思虑，倾听他们，观察他们。

计谋是存亡的关键，彼此的想法不交流就不会听得详细明白，即使暗地观察也得不到机会。计谋失败，那么思虑也就无人相信，成为虚而不实的东西。抱着清静无为的态度力求使五脏安静，六腑合通；精神魂魄固守纯真，能够在内心自我反省，用心体察外界消息，让意志安定下来，让思想进入到空虚的境地，等待神明的到来。观察天地的形成，知晓万物造化的规律，看到阴阳转变的交替，推究人世间定国安邦的道理。这样，足不出户就可以知晓天下大事，目不窥窗就可以看见天道运行的规律。不用亲眼看见就可以发布命令，不用推行就能达到目的，这就是所谓的道。懂得了道，就能与神明相通，应对方方面面而心神不散。

【原文】

分威法伏熊[1]。

分威者，神之覆[2]也。故静固志意，神归其舍，则威覆盛矣。威覆盛，则内实坚[3]；内实坚，则莫当。莫当，则能以分人之威，而动其势，如其天。以实取虚，以有取无，若以镒称铢[4]。故动者必随，唱[5]者必和，挠其一指，观其余次，动变见形，无能间者。审于唱和，以间见间，动变明而威可分也。将欲动变，必先养志，伏意[6]以视间。知其固实者，自养也。让己者，养人也。故神存兵亡[6]，乃为之形势。

【注释】

[1] 分威法伏熊：分配威势要效法处于伏击状态的熊。

[2] 覆：覆盖。

[3] 实坚：充实坚固。

[4] 镒、铢：镒是重量单位，相当于二十四两；铢，二十四铢为一两。

[5] 唱：通“倡”，倡导。

[6] 伏意：隐藏意图。

［7］兵亡：指武力对抗消失。

【译文】

分配威势要效法行将偷袭的熊。

分配威势，就是要用自己的精神力量压倒对方。所以要使自己的意志安静而坚固，让精神凝聚在心，这样威势就能强大到压倒对方。压倒对方的威势，自己的意志就更加坚强雄厚；意志坚强雄厚，就无可阻挡；无可阻挡，又能分散对方的威力，动摇对方的气势，如上天一样令人敬畏。用自己的坚实去攻取对方的虚弱，就像用镒来称铢一样容易。只要行动就必定有人追随，只要发出倡导就有人响应。别人弯曲一个手指，就能了解他其余的动作；只要对方一动作，就能知道他全部的形迹，令对方没有空子可钻。明白前呼后应的道理，通过蛛丝马迹去发现对方的漏洞，动作变化明确，可以分散对方的声势。行动变化之前，一定要先培养意志，隐藏真实意图，伺机窥探对方的漏洞。懂得使意志充实坚固，就是要善于养气蓄势；过分退让，就是替他人养气。所以精神存养到可以消除武力的程度，这才是所要形成的威势。

【原文】

散势法鸷鸟[1]。

散势者，神之使也。用之，必循间而动，威肃内盛，推[2]间而行之，则势散。夫散势者，心虚志溢[3]。意失威势[4]，精神不专，其言外而多变，故观其志意为度数[5]，乃以揣说图事，尽圆方，齐短长。无间则不散势，散势者待间而动，动势分矣。故善思间者，必内精[6]五气，外视虚实，动而不失分散之实，动则随其志意，知其计谋。势者，利害之决，权变之势。势败者，不以神肃察[7]也。

【注释】

［1］散势法鸷鸟：分散形势要效法鸷鸟。鸷鸟，一种猛禽。

［2］推：抓住。

［3］溢：充满。

［4］意失威势：意志一旦衰微就会丧失优势。

［5］度数：标准。

［6］精：专一。

［7］肃察：慎重地审察。

【译文】

分散对方势力要效法鸷鸟。

分散对方实力也是精神力量驱使的结果。使用分散势力的方法，一定要伺机而动。整肃自己势力、强盛内部力量，抓住对方的弱点，果断采取行动，就会使对方势力分散。能使对方分散势力的人，胸怀谦虚，意志充盈。如果意志衰微，威势丧失，精神不专，就会言辞浮泛而变化不定。要以观察对方的意志作为标准，加以揣摩，采用相应的说辞，图谋行事，长短圆方，各种手段相互配合使用。没有间隙可乘，就不要分散势力；分散势力，要等待时机采取行动，一旦采取行动就能分散对方的势力。所以善于判断机会的人一定在内精炼五气，对外探测虚实，采取行动而不失去分散对方势力的作用。行动还要顺应对方的意图和心志，了解他的计谋。势力是利害的决定性因素，是运用权变的威慑力量。势力败落，往往是精神没有集中审察的结果啊。

【原文】

转圆法猛兽[1]。

转圆者，无穷之计。无穷者，必有圣人之心，以原不测之智而通心术。而神道[2]混沌为一，以变论万类，说义无穷。智略计谋，各有形容[3]，或圆或方、或阴或阳、或吉或凶，事类不同。故圣人怀此用，转圆而求其合。故与造化者为始，动作无不包大道，以观神明之域。

天地无极，人事无穷，各以成其类。见其计谋，必知其吉凶成败之所终也。转圆者，或转而吉，或转而凶。圣人以道先知存亡，乃知转圆而从方。圆者，所以合语[4]；方者，所以错事[5]；转化者，所以观计谋；接物者，所以观进退之意。皆见其会，乃为要结[6]，以接其说也。

【注释】

［1］转圆法猛兽：连环使用计谋要效法猛兽。转圆，计谋像连环套一样的转动。

［2］神道：神妙莫测之道。

［3］形容：形态。

［4］合语：语言相合。

［5］错事：处置事件。错，通“措”。

［6］要结：关键的联结。

【译文】

连环使用计谋要效法猛兽。

连环使用计谋，是要构想无穷计谋。能构想出无穷计谋的人，必定有圣人的心胸，去探究深不可测的智慧的本源，再用深不可测的智慧去沟通心术。虽然天道混沌一体，但仍能推知其变化来讨论天地万物，阐述各种各样的道理。智慧、策略、计谋，各自都有不同的形态，或圆或方，或阴或阳，或吉或凶，因为事物类别各不相同。圣人怀有各种谋略加以运用，就像转动圆环一样求得合于事理。早在天地万物形成之初，任何动作行为无不包容着宇宙规律，仔细观察可以达到神明的境界。

天高地远无边无际，人事变化无穷无尽，各有各的类别。圣人观察计谋，一定知道结果是吉是凶，最终是成是败。连环使用计谋，或者转向吉祥，或者转向凶险。圣人能通过掌握规律而先知存亡之理，也就知道转圆为方的道理。圆可以变化无穷，便于使语言相合；方可以稳定不动，便于处置事件。所谓的转化，就是要观察计谋的得失；所谓的待人接物，就是要观察进退之意。这些都要融会贯通，总结其中的要点，就可以掌握各种说法。

【原文】

损兑法灵蓍[1]。损兑者，几危[2]之决也。事有适然[3]，物有成败，机危之动，不可不察。故圣人以无为待有德，言察辞合于事。兑[4]者，知之也；损者，行之也。损之说之，物有不可者，圣人不为辞也。故智者不以言失人之言。故辞不烦[5]，而心不虚；志不乱，而意不邪。当其难易，而后为之谋，自然之道以为实。圆者不行，方者不止，是谓大功。兑之损之，皆为之辞。用分威散势之权，以见其兑威，其机危，乃为之决。故善损兑者，譬若决水于千仞之堤，转圆石于万仞之谷。

【注释】

[1] 损兑法灵蓍：斟酌损益要效法灵验的蓍草。兑，俞樾《诸子平议·补录》释为“益”，可从。蓍，古代占卜吉凶用的工具。

[2] 几危：危险的征兆。

[3] 适然：偶然。

[4] 兑：有益的情况。

[5] 烦：繁多。

【译文】

斟酌损益要效法灵验的蓍草。损益是对危险的征兆的判断。事情有偶然，做事有成败，危险征兆的出现不可不加以明察。圣人以无为的法则来对待人为的事情，观察言辞是否合于事理。

益，是为了进一步加深了解；损，就是排除不利而行动。损减之后仍不能合理说解，事情仍不能顺利进行，圣人便不再加以辩说。所以，智慧的人不因为自己的言论排斥他人的言论，因而言辞不烦琐，心中充满自信；意志不散乱，胸中没有邪念。面对困难或者容易的事，设想种种对策，顺应客观规律才是其根本。圆的计谋实施不利，方的谋略就不能停止，这就是大功告成的前提。无论是增益还是减损，都要能言之成理。用分配自己威势、发散对方势力的方法加以权衡，就能发挥损益的威力。危机一旦显现，就要及时果断地处理。因此，善于掌握损益变化的人就像决开千丈堤坝的洪水，就像滚向万丈深渊的圆石，势不可当。

持枢[1]

【题解】持枢即掌握关键。本篇脱落较多，残存此节，是讲治国之道要顺应自然规律，才能避免失败。

【原文】

持枢，谓春生、夏长、秋收、冬藏，天之正也，不可干[2]而逆[3]之。逆之者，虽成必败。故人君亦有天枢，生养成藏，亦复不可干而逆之，逆之者，虽盛必衰。此天道、人君之大纲也。

【注释】

［1］持枢：意谓掌握关键。枢，门轴；持，把握。

［2］干：触犯。

［3］逆：违反。

【译文】

掌握关键，说的是春季万物滋生，夏季万物生长，秋季万物收获，冬季万物储藏，这是自然界运行的正常规律，不可冒犯它、违背它。凡是违反自然规律的，即使成功一时，也最终会失败。所以说，君主也有统治天下的关键，人间的出生、养育、成熟、储藏等，不可以去冒犯、去违反。如果违背这些规律，就是暂时处于兴盛，最终也会衰亡。这是自然规律，也是君主治国的根本纲领。

中经

【题解】“中”指内心，“经”指治理。本篇说的是如何运用内在的精神去处理外部的事物，并指出使用这些策略的目的在于“振穷趋急”，列举了“见形为容，象体为貌”“闻声和音”“解仇斗郄”“缀去”“却语”“摄心”“守义”七种为人的技巧和处事的策略，将之作为本经所述法则的变通规律。

【原文】

中经，谓振穷趋急[1]，施之，能言厚德之人。救拘执[2]，穷者不忘恩也。能言者，俦善博惠[3]，施德者，依道；而救拘执者，养使小人。盖士遭世异时危，或当因免阗坑[4]，或当戕害能言[5]，或当破德为雄，或当抑拘成罪，或当戚戚自善[6]，或当败败自立[7]。故道贵制人，不贵制于人也；制人者握权，制于人者失命。是以见形为容，象体为貌，闻声和音，解仇斗郄[8]，缀去[9]，却语[10]，摄心，守义。本经纪事者纪道数，其变要在持枢中经。

见形为容，象体为貌者，谓爻为之生[11]也，可以影响形容，象貌而得之也。有守之人，目不视非、耳不听邪，言必诗书，行不僻淫[12]，以道为形，以德为容，貌庄色温，不可象貌而得也，如是隐情塞郄而去之。

闻声和音，谓声气不同，则恩爱不接。故商角不二合，徵羽不相配[13]。能为四声主，其唯宫[14]乎？故音不和则不悲，不是以声散伤丑害者，言必逆于耳也。虽有美行、盛誉，不可比目[15]、合翼[16]相须也。此乃气不合、音不调者也。

解仇斗郄，谓解羸[17]微之仇。斗郄者，斗强也。强郄既斗，称胜者，高其功，盛其势。弱者哀其负，伤其卑，污其名，耻其宗。故胜者，闻其功势，苟进而不知退。弱者闻哀其负，见其伤，则强大力倍，死为是也。郄无极大，御无强大，则皆可胁而并[18]。

缀去者，谓缀己之系言[19]，使有余思[20]也。故接贞信者，称其行、厉其志，言可为可复，会之期喜，以他人之庶，引验以结往，明疑疑[21]而去之。

却语者，察伺短也。故言多必有数短之处，识其短验之[22]。动以忌讳，示以时禁[23]。其人因以怀惧，然后结信以安其心，收语盖藏[24]而却之，无见己之所不能于多方之人[25]。

摄心者，谓逢好学伎[26]术者，则为之称远。方验之道，敬以奇怪，人系其心于己。效[27]之于人，验去，乱其前，吾归于诚己。遭淫色酒者，为之术，音乐动之，以为必死，生日少之忧[28]。喜以自所不见之事，终可以观漫澜[29]之命，使有后会。

守义者，谓守以人义，探心在内以合也。探心，深得其主也。从外制内，事有系由而随之。故小人比人，则左道[30]，而用之，至能败家辱国。非贤智，不能守家以义，不能守国以道，圣人所贵道微妙者，诚以其可以转危为安，救亡使存也。

【注释】

［1］振穷趋急：解救走投无路和帮助处于危难中的人。

［2］拘执：被拘捕的人。

［3］俦善博惠：多行善事，广施恩惠。俦，众。

［4］免阗坑：指野死者填埋沟壑，这里指免于祸患。

［5］戕害能言：残害能言善辩之士。

［6］戚戚自善：心情忧郁保全自己。戚戚，忧伤的样子。

［7］败败自立：在危败中自立。败败，接连失败。

［8］郄：通“隙”，间隙。

［9］缀去：联络离去的人。缀，联络；去，离开。

［10］却语：驳斥的言语。

［11］爻为之生：爻象从卦中显示出来。这里是用爻象的原理，来说明通过表象来推论事物的实质。

［12］僻淫：邪恶淫乱。僻，不正。

［13］商角不二合，徵羽不相配：宫、商、角、徵、羽都是五音的名称。按照中国古代的说法，商属金，角属木，徵属火，羽属水，宫属土；金克木，水克火，所以商角、徵羽的音律不能调和。

［14］宫：宫为五声之主，能和其他四音。

［15］比目：比目鱼。

［16］合翼：比翼鸟。

［17］羸：弱小。

［18］胁而并：施加威胁并吞并。

［19］缀己之系言：自己说了很多挽留的话。

［20］余思：离开之后仍存想念。

［21］款款：原作“疑疑”，台湾萧登福据他本改。

［22］故言多必有数短之处，识其短验之：此句原为注文，因《子汇》本窜入。

［23］时禁：把当时的禁令给他看。

［24］盖藏：掩盖隐藏。

［25］多方之人：知识丰富的人。

［26］伎：通“技”。

［27］效：验证。

［28］生日少之忧：有缩短性命的忧愁。

［29］漫澜：本指水广阔无垠，这里指无限。

［30］左道：邪道。

【译文】

中经，说的是前去解救陷于困境和处于危难的人。能够做到这一点，必定是能言善辩、德行深厚的人。救助了那些被拘捕的人，这些走投无路的人就不会忘记其恩德。能言善辩的人，多做善事，广施恩惠；有德之人，行为合乎道义准则。救助那些被拘押的人，收养起来作为属下。那些士人面对时代的变异，有的在乱世里侥幸免遭兵乱，有的因善辩而受残害，有的弃文从武成为英雄，有的被冤枉被定罪，有的心情忧郁保全自己，有的接连失败却能自立。道术贵在制服别人，而不是被别人制服。制服别人就能掌握权力；被别人制服，连命运也不能掌握。因此有“见形为容，象体为貌”“闻声和音”“解仇斗郄”“缀去”“却语”“摄心”“守义”等方法。本经只记述了道术，而变通的要领在于《持枢》《中经》。

所谓“见形为容”，象体为貌是指看见对方的外形，就知道他的真实容貌，犹如爻辞从卦中产生一样，可以通过影子、回响、形象、容貌来获得信息。恪守道德的之人，他们不看非礼的东西，不听邪恶的声音，言谈必定以《诗经》《尚书》为依据，行为不乖僻淫乱，用道德约束自己的行为，面貌庄重，表情温和，不是仅仅通过相貌就能识别他们的。这种情况就得隐瞒实情，堵塞自己言辞的漏洞，离他而去。

所谓“闻声和音”是指听见对方的声音，就能够随声附和，说的是声音气息不相同，就不能建立恩爱友好的关系。就如同在五音中，商与角不相和，徵与羽不相配一样。能成为四声的主音，大概只有宫声吧。因而音声不和谐，就不会产生悲伤的曲调。所以，声音散漫、沙哑、难听、刺耳的，语言一定难以入耳。即使有美好的行为，盛大的声誉，也不能像比目鱼或比翼鸟那样亲密无间，相互帮助。这是由于气息不和谐，音律不协调。

所谓“解仇斗郄”是指解除弱小者的仇怨，促使强大者相互斗争，说的是调解两个弱小者的不和；斗郄就是促使强大者之间相互斗争。强者之间有矛盾一定会发生争斗，胜利的一方推崇功劳，耀武扬威。失败的一方哀叹自己的失利，伤心自己被迫低下的窘境，玷污了自己声名，也有辱于祖先。所以，得胜者一味夸大自己的功劳和威势，就会贸然进攻而不知退却。弱小者则哀叹自己的失败，看到自己的损伤，就会斗志倍增拼命抵抗。有隙可乘，就不会特别强大，就可以施加威胁加以吞并。

所谓“缀去”是指联络离开的故人，说的是用自己的言辞联络对方，让对方离去之后仍心存思念。因此与忠贞而诚实的人结交，要赞许他的德行，激励他的志向。与他谈论可以做、可以得到回报的事情，让他感到下次相见必定会很愉快。用别人的期望来检验以往的做法是否合适，表明自己离开的眷恋之情。

所谓“却语”是指窥探对方的短处，说的是在暗中观察别人的短处。因为言谈多了，必有失误之处，议论他的失误并加以验证，用对方所犯的忌讳来触动他，用当时的禁令吓唬他。然后真诚地安抚他恐惧的心，收回刚才所说的话，藏起这些证据替他掩饰。并告诫他：不要把自己的短处暴露给有见识的人。

所谓“摄心”是指攻取对方的内心，说的是遇到喜欢学习技艺的人，替他宣扬名声，使其传播到远方，再用道术对他的技艺进行验证，用稀奇古怪的事情使他惊叹不已，这样他的心就被你笼络住了。再将他的技艺与别人比较，用前人的经验教训来说治乱的效果，那么它就会心悦诚服地归顺于你。遇到沉湎酒色的人，使用的方法就是，用音乐感动他们，让他们意识到酒色会置人于死地，担忧活着的日子越来越少，再用他们没有见过的事物使其高兴，最终认为自己可以健康长寿，使他们产生后会有期的感觉。

所谓“守义”是指固守道义，说的是坚持为人之道，探求内心活动以符合道义。探求别人的内心活动，要了解他的真实意图。从外部控制他的内心，使他有事牵挂于心，而不得不顺从。小人追随别人，用的是旁门左道，常常会家破国亡。若非圣贤智慧之人，就不能用道义来治家守国。圣人特别重视微妙的道，正是因为道可以使国家转危为安。